Putong Gaodeng Xuexiao

普通高等学校

Fazhan Dangyuan Gongzuo Jiben Guifan

发展党员工作基本规范

尹作发　张　俊　何　玲　主编

人民交通出版社股份有限公司
China Communications Press Co.,Ltd.

图书在版编目(CIP)数据

普通高等学校发展党员工作基本规范 / 尹作发,张俊,何玲主编. —北京: 人民交通出版社股份有限公司, 2019.1

ISBN 978-7-114-15214-6

Ⅰ. ①普… Ⅱ. ①尹… ②张… ③何… Ⅲ. ①中国共产党—高等学校—组织建设—规范 Ⅳ. ①D267.6-65

中国版本图书馆 CIP 数据核字(2018)第 279648 号

书　　名: 普通高等学校发展党员工作基本规范
著 作 者: 尹作发　张　俊　何　玲
责任编辑: 郭红蕊　张征宇
责任校对: 刘　芹
责任印制: 张　凯
出版发行: 人民交通出版社股份有限公司
地　　址: (100011)北京市朝阳区安定门外外馆斜街 3 号
网　　址: http://www.ccpress.com.cn
销售电话: (010)59757973
总 经 销: 人民交通出版社股份有限公司发行部
经　　销: 各地新华书店
印　　刷: 北京鑫正大印刷有限公司
开　　本: 720×960　1/16
印　　张: 9
字　　数: 160 千
版　　次: 2019 年 1 月　第 1 版
印　　次: 2019 年 1 月　第 1 次印刷
书　　号: ISBN 978-7-114-15214-6
定　　价: 30.00 元

编委会成员

目　录

一、普通高等学校“党支部—党总支—党委”三级党组织架构发展党员工作规范

(一)发展党员工作流程

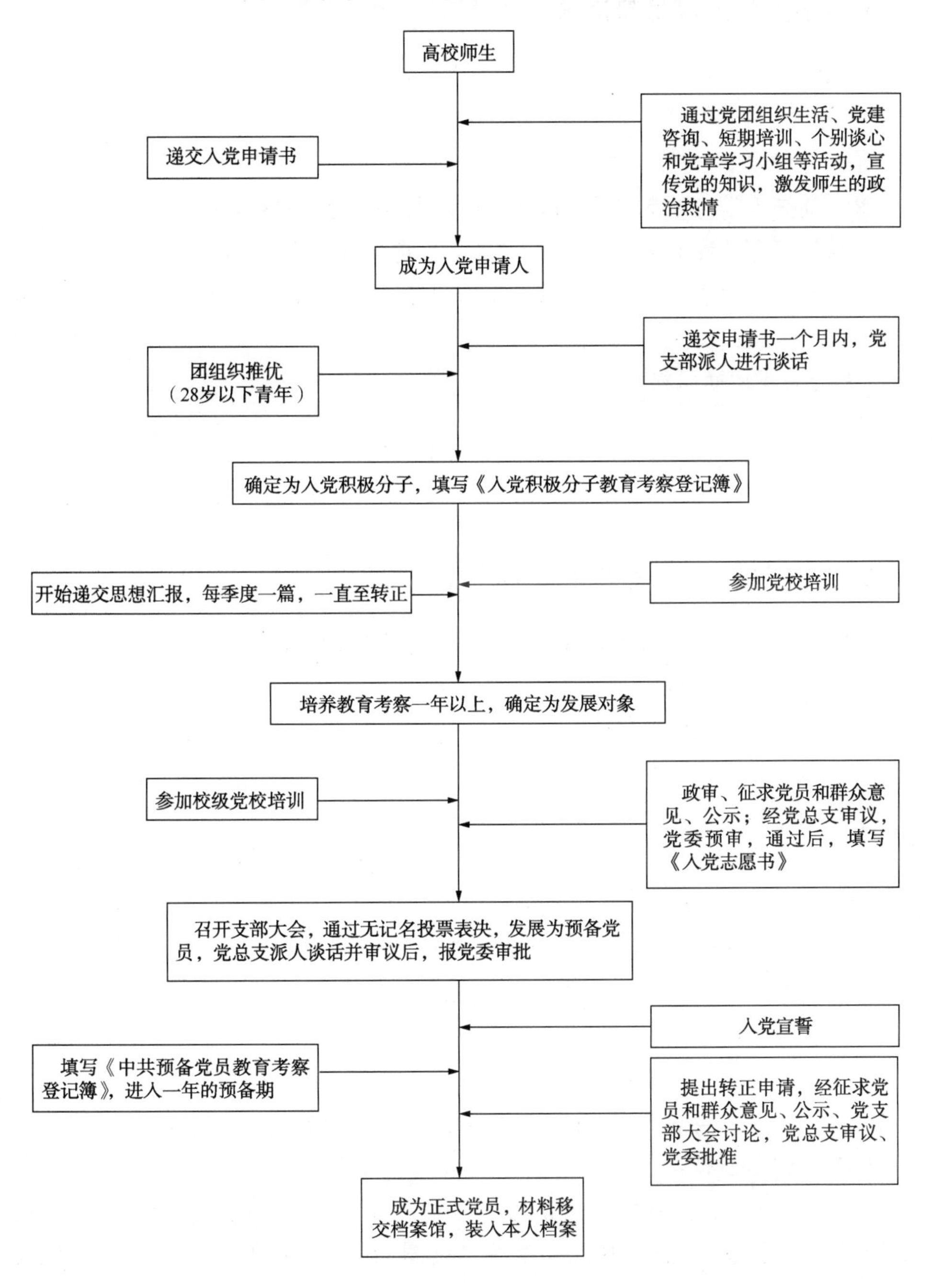

普通高等学校发展党员工作流程图
高校师生
通过党团组织生活、党建咨询、短期培训、个别谈心和党章学习小组等活动，宣传党的知识，激发师生的政治热情
递交入党申请书
成为入党申请人
递交申请书一个月内，党支部派人进行谈话
团组织推优（28岁以下青年）
确定为入党积极分子，填写《入党积极分子教育考察登记簿》
参加党校培训
开始递交思想汇报，每季度一篇，一直至转正
培养教育考察一年以上，确定为发展对象
参加校级党校培训
政审、征求党员和群众意见、公示；经党总支审议，党委预审，通过后，填写《入党志愿书》
召开支部大会，通过无记名投票表决，发展为预备党员，党总支派人谈话并审议后，报党委审批
入党宣誓
填写《中共预备党员教育考察登记簿》，进入一年的预备期
提出转正申请，经征求党员和群众意见、公示、党支部大会讨论，党总支审议、党委批准
成为正式党员，材料移交档案馆，装入本人档案

(二)发展党员工作各环节材料清单

1.申请入党阶段材料清单

(即推优或党员推荐阶段之前)

(1)党支部层面材料

①入党申请书(含个人自传);

②普通高等学校党支部派人同入党申请人谈话情况记录表;

③普通高等学校×××党总支×××党支部入党申请人情况登记表。

注:“12371党建信息平台”(以下简称“12371”)中人员类别应显示为:入党申请人。

(2)党总支层面材料

无。

(3)党委层面材料

无。

2.入党积极分子的确定和培养考察阶段材料清单

(即领取《入党积极分子培养教育考察登记簿》时所需)

(1)党支部层面材料

①申请入党阶段材料清单;

②普通高等学校推荐优秀团员作入党积极分子登记表(适用于推荐28岁以下青年学生入党);

或:普通高等学校党员推荐入党申请人作入党积极分子登记表(适用于推荐教职工或28岁以上的青年学生入党);

③普通高等学校×××党总支×××党支部确定入党积极分子备案登记表。

注:“12371”中人员类别应显示为:入党积极分子。

(2)党总支层面材料

党总支在党支部上报的《普通高等学校×××党总支×××党支部确定入党积极分子备案登记表》中“党总支审核情况”栏签署意见,并加盖党总支公章。

(3)党委层面材料

高校党委组织部门在党总支上报的《普通高等学校×××党总支×××党支部确定入党积极分子备案登记表》中“党委备案情况”栏签署意见,加盖党委公章后,发放

《入党积极分子培养教育考察登记簿》。

3.发展对象的确定和考察阶段材料清单

(即领取《中国共产党入党志愿书》时所需)

(1)党支部层面材料

①入党积极分子的确定和培养考察阶段材料;

②入党积极分子培养教育考察登记簿;

③院(系)级分党校培训结业证书原件;

④思想汇报;

⑤普通高等学校入党积极分子被确定为发展对象前征求党员和群众意见表;

⑥普通高等学校×××党总支×××党支部确定发展对象备案登记表;

⑦政审材料;

⑧校级党校发展对象培训结业证书原件;

⑨普通高等学校发展对象被接收为预备党员前公示表;

⑩普通高等学校×××党总支×××党支部发展对象预审登记表。

注:其中①~⑥为发展对象备案所需材料;

"12371"中人员类别应显示为:发展对象。

(2)党总支层面材料

①党总支在党支部上报的《普通高等学校×××党总支×××党支部确定发展对象备案登记表》中"党总支审核情况"栏签署意见,并加盖党总支公章;

②党总支在党支部上报的《普通高等学校×××党总支×××党支部发展对象预审登记表》中"党总支初步预审意见"栏签署意见,并加盖党总支公章。

(3)党委层面材料

①高校党委组织部门在党总支上报的《普通高等学校×××党总支×××党支部确定发展对象备案登记表》中"党委备案情况"栏签署意见,并加盖党委公章;

②高校党委组织部门在党总支上报的《普通高等学校×××党总支×××党支部发展对象预审登记表》中"党委预审意见"栏签署意见,加盖党委公章后,出具书面预审意见,发放入党志愿书,并标注志愿书编号。

4.预备党员的接收阶段材料清单

(即领取《中共预备党员教育考察登记簿》时所需)

(1)党支部层面材料

①发展对象的确定和考察阶段材料清单；

②入党志愿书；

③普通高等学校×××党总支×××党支部接收预备党员审批登记表。

注："12371"中人员类别应显示为：预备党员。

(2)党总支层面材料

党总支在党支部上报的《普通高等学校×××党总支×××党支部接收预备党员审批登记表》中"党总支审议情况"栏签署意见，并加盖党总支公章。

(3)党委层面材料

高校党委组织部门在党总支上报的《普通高等学校×××党总支×××党支部接收预备党员审批登记表》中"党委审批情况"栏签署党委会议研究意见，加盖党委公章后，发放《中共预备党员教育考察登记簿》。

5.预备党员的教育考察和转正阶段材料清单

(即正式党员材料归档所需)

(1)党支部层面材料

①预备党员的接收阶段材料清单；

②中共预备党员教育考察登记簿；

③预备党员转正申请书；

④普通高等学校预备党员转正前征求党员和群众意见表；

⑤普通高等学校预备党员转正前公示表；

⑥预备党员预备期间思想汇报；

⑦分以下3种情况上报：

若按期转正或延长预备期后转正，需上报《普通高等学校×××党总支×××党支部预备党员转正审批登记表》；

若延长预备期，需上报《普通高等学校×××党总支×××党支部预备党员延长预备期审批登记表》；

若取消预备党员资格，需上报《普通高等学校×××党总支×××党支部取消预备党员资格审批登记表》。

注："12371"中人员类别应显示为：正式党员。

(2)党总支层面材料

党总支在党支部上报的《普通高等学校×××党总支×××党支部预备党员转正审批登记表》《普通高等学校×××党总支×××党支部预备党员延长预备期审批登记

表》《普通高等学校×××党总支×××党支部取消预备党员资格审批登记表》中“党总支审议情况”栏签署意见,并加盖党总支公章。

(3)党委层面材料

学校党委组织部在党总支上报的《普通高等学校×××党总支×××党支部预备党员转正审批登记表》《普通高等学校×××党总支×××党支部预备党员延长预备期审批登记表》《普通高等学校×××党总支取消预备党员资格审批登记表》中“党委审批情况”栏签署党委会议研究意见,加盖党委公章,并将所有入党材料返党总支归入本人档案。

（三）发展党员工作各环节材料填写规范

普通高等学校×××党总支×××党支部入党申请人情况登记表

党支部名称：（盖章）　　　　上报时间：　　年　　月　　日

序号	所在党支部	姓名	性别	民族	学号	学院/单位	出生日期	递交入党申请书时间	递交入党申请书时是否年满18岁	已取得学历	学生类别	年级	支部派人与申请人谈话时间	谈话人	党支部书记
1															
2															
3															
4															

说明：

1.填表格式。民族：如汉族；出生日期、递交入党申请书时间等：如19990808；学生类别：如博士研究生、硕士研究生、本科生、专科生等；年级：如2018级。

2.此表应在党支部派人与入党申请人谈话后随时更新备查。

普通高等学校×××党总支×××党支部确定入党积极分子备案登记表

党支部名称：（盖章）　　　　　　　　　　　　　　　　　　　　　　　　　上报时间：　　年　　月　　日

序号	所在党支部	姓名	性别	民族	学号	学院/单位	出生日期	递交入党申请书时间	团组织推优或党员推荐时间	确定为入党积极分子时间	培养联系人	已取得学历	学生类别	年级	党支部书记	党总支审核情况	党委备案情况
1																	
2																	
3																	
4																	

领取资料份数：　　　　　　　　　　　　　　　　　　　　　　　　　　领取人签字及时间：

说明：

1.填表格式。民族：如汉族；出生日期、递交入党申请书时间等：如19990808；团组织推优时间指学校团委盖章批准的时间；学生类别：如博士研究生、硕士研究生、本科生、专科生等；年级：如2018级。

2.党支部凭此表向上级党委备案后，领取《入党积极分子培养教育考察登记簿》，领取时间：应在学校团委盖章批准，党支部委员会（不设支部委员会的由支部大会）确定为入党积极分子后，一般在一个月内领取。

3.此表一式三份，逐级加盖党组织公章后，由党支部、党总支、党委各留存一份。

普通高等学校×××党总支×××党支部确定发展对象备案登记表

党支部名称：(盖章)　　　　　　　　　　　　　　　　　　　　上报时间：　　年　　月　　日

序号	所在党支部	姓名	性别	民族	学号	学院/单位	出生日期	递交入党申请书时间	团组织推优或党员推荐时间	确定为入党积极分子时间	确定为发展对象时间	入党介绍人	已取得学历	学生类别	年级	党支部书记	党总支审核情况	党委备案情况
1																		
2																		
3																		
4																		

领取资料份数：　　　　　　　　　　　　　　　　　　　　领取人签字及时间：

说明：

1.填表格式。民族：如汉族；出生日期、递交入党申请书时间等：如 19990808；团组织推优时间指学校团委盖章批准的时间；学生类别：如博士研究生、硕士研究生、本科生、专科生等；年级：如 2018 级。

2.“确定为发展对象的时间”应与《入党积极分子培养教育考察登记簿》第 6 页的“党内讨论是否确定为发展对象的意见”的落款时间一致，且须在确定入党积极分子时间一年后。

3.此表一式三份，逐级加盖党组织公章后，由党支部、党总支、党委各留存一份。

普通高等学校×××党总支×××党支部发展对象预审登记表

党支部名称:(盖章)　　　　上报时间:　　年　　月　　日

序号	所在党支部	姓名	性别	民族	学号	学院/单位	出生日期	递交入党申请书时间	团组织推优或党员推荐时间	确定为入党积极分子时间	确定为发展对象时间	入党介绍人	确定为发展对象后谈话情况	政审情况	参加学校党校培训情况	已取得学历	学生类别	年级	党支部书记	党总支初步预审意见	党委预审意见	入党志愿书编号
1																						
2																						
3																						
4																						

领取资料份数:　　　　领取人签字及时间:

说明:

1.填表格式。民族:如汉族;出生日期、递交入党申请书时间等:如19950808;推优时间指学校团委盖章批准的时间;学生类别:如博士研究生、硕士研究生、本科生等;年级:如2018级。

2.此表由党支部先报党总支初步预审通过后,再由党总支报党委进行预审。党委预审通过后,出具书面预审意见,发放入党志愿书,并注明每个人所对应的入党志愿书编号。

3.此表一式三份,逐级加盖党组织公章后,由党支部、党总支、党委各留存一份。

普通高等学校×××党总支×××党支部接收预备党员审批登记表

党支部名称：(盖章)　　　　　　　　　　　　上报时间：　　年　　月　　日

序号	所在党支部	姓名	性别	民族	学号	学院/单位	出生日期	递交入党申请书时间	团组织推优或党员推荐时间	确定为入党积极分子时间	确定为发展对象时间	入党介绍人	支部接收为预备党员的时间	已取得学历	学生类别	年级	党支部书记	党总支审议情况	党委审批情况
1																			
2																			
3																			
4																			

领取资料份数：　　　　　　　　　　　　领取人签字及时间：

说明：

1.填表格式。民族：如汉族；出生日期、递交入党申请书时间等：如19990808；推优时间指学校团委盖章批准的时间；学生类别：如博士研究生、硕士研究生、本科生、专科生等；年级：如2018级。

2.党委审批通过后，发放《中共预备党员教育考察登记簿》。

3.此表一式三份，逐级加盖党组织公章后，由党支部、党总支、党委各留存一份。

普通高等学校×××党总支×××党支部预备党员转正审批登记表

党支部名称：(盖章)　　　　　　　　　　上报时间：　　年　　月　　日

序号	所在党支部	姓名	性别	民族	学号	学院/单位	出生日期	递交入党申请书时间	团组织推优或党员推荐时间	确定为入党积极分子时间	确定为发展对象时间	入党介绍人	支部接收为预备党员的时间	转正时间		已取得学历	学生类别	年级	党支部书记	党总支审议情况	党委审批情况
														按期转正时间	被延期后转正时间						
1																					
2																					
3																					
4																					

领取资料份数：　　　　　　　　　　领取人签字及时间：

说明：

1.填表格式。民族：如汉族；出生日期、递交入党申请书时间等：如19990808；推优时间指学校团委盖章批准的时间；学生类别：如博士研究生、硕士研究生、本科生等；年级：如2018级。

2.此表一式三份，逐级加盖党组织公章后，由党支部、党总支、党委各留存一份。

普通高等学校×××党总支×××党支部预备党员延长预备期审批登记表

党支部名称：(盖章)　　　　　　　　　　　　　　　　　　　上报时间：　　　年　　月　　日

序号	所在党支部	姓名	性别	民族	学号	学院	出生日期	递交入党申请书时间	团组织推优或党员推荐时间	确定为入党积极分子时间	确定为发展对象时间	入党介绍人	支部接收为预备党员的时间	预备期延长至时间	已取得学历	学生类别	年级	党支部书记	党总支审议情况	党委审批情况
1																				
2																				
3																				
4																				

领取资料份数：　　　　　　　　　　　　　　　　　　　领取人签字及时间：

说明：

1.填表格式。民族：如汉族；出生日期、递交入党申请书时间等：如 19990808；推优时间指学校团委盖章批准的时间；学生类别：如博士研究生、硕士研究生、本科生等；年级：如 2018 级。

2.此表一式三份，逐级加盖党组织公章后，由党支部、党总支、党委各留存一份。

普通高等学校×××党总支×××党支部取消预备党员资格审批登记表

党支部名称:(盖章)　　　　　　　　　　　　　　　　上报时间:　　　年　　月　　日

序号	所在党支部	姓名	性别	民族	学号	学院	出生日期	递交入党申请书时间	团组织推优或党员推荐时间	确定为入党积极分子时间	确定为发展对象时间	入党介绍人	支部接收为预备党员的时间	已取得学历	学生类别	年级	党支部书记	取消预备党员资格原因	党总支审议情况	党委审批情况
1																				
2																				
3																				
4																				

领取资料份数:　　　　　　　　　　　　　　　　领取人签字及时间:

说明:

1.填表格式。民族:如汉族;出生日期、递交入党申请书时间等:如 19990808;推优时间指学校团委盖章批准的时间;学生类别:如博士研究生、硕士研究生、本科生等;年级:如 2018 级。

2.此表一式三份,逐级加盖党组织公章后,由党支部、党总支、党委各留存一份。

入党申请书的格式及内容

1.入党申请书的格式及内容:

(1)标题。居中写“入党申请书”。

(2)称谓。即申请人对党组织的称呼,一般写“敬爱的党组织”。顶格书写在标题的下一行,后面加冒号。

(3)正文。主要内容包括:

①正式表达入党的愿望,我自愿申请加入中国共产党。着重写自己对党的认识和入党动机。

②对照党章规定的党员标准,实事求是地对个人在思想、学习、工作、生活作风等方面的主要表现进行总结,写明自己如何发扬优点、改正缺点及今后的努力方面。

③对待入党的态度和决心。

在申请书的最后,要署名和注明申请日期。一般居右书写“申请人×××”,下一行写上“××××年××月××日”。

写入党申请书应注意的问题:

(1)认真学习党章,掌握基本精神,加深对党的性质、宗旨、任务和党员的权利、义务等基本知识的理解。

(2)联系自己的思想实际谈对党的认识和入党动机。

(3)对党忠诚老实,向党组织反映真实思想情况。

(4)申请书要写得朴实、庄重、严肃、认真。

(5)入党申请书必须手写。

2.自传附在入党申请书后面,内容包括:

(1)本人基本情况,如姓名、性别、出生年月、民族、籍贯、本人成分、文化程度、工作时间、入团时间、现任职务、家庭住址等。

(2)本人主要经历,从上小学读书起,写清楚起止年月、地点、单位、职务、证明人。

(3)家庭主要成员和主要社会关系的有关情况,如姓名、称谓、年龄、单位、职业、政治面貌、政治历史情况等。家庭主要成员指父母(养父母)、配偶、子女和长期在一起生活的受本人抚养或供养的其他人。主要社会关系指与本人来往较多、关系密切的亲属、亲友及其他人。

(4)要向党组织说明的其他情况和问题,如何时何地何人介绍加入共青团组织或民主党派,包括担任过何种职务;奖励与处分情况。如果历史上有过政治问题,并经过组织审查做出结论的,也要把情况说明。对本人政治历史的重要情节应提供证明人。

写自传应注意的几个问题:

(1)要实事求是。

(2)自传必须手写。

(3)自传写完后,本人要签名,并填写日期(××××年××月××日)。

普通高等学校党支部派人同入党申请人谈话记录表

__________党总支__________党支部

<table>
<tr><td>入党申请人姓名</td><td></td><td>所在单位(团支部)</td><td></td></tr>
<tr><td>出生年月日(周岁)</td><td></td><td>递交入党申请书时间</td><td></td></tr>
<tr><td>谈话时间</td><td></td><td>谈话地点</td><td></td></tr>
<tr><td>谈话人姓名及职务</td><td colspan="3"></td></tr>
<tr><td>谈话记录</td><td colspan="3">要求:写明通过谈话了解到的有关情况:入党申请人的年龄、国籍等基本情况、成长经历、家庭情况及对党的认识、入党动机、今后努力方向及其他需要向党组织说明的问题等。参考格式如下:
通过谈话了解到,入党申请人的有关情况如下:
一、基本情况
姓名,性别,民族,出生年月日,籍贯,国籍,××××年××月××日提出入党申请等。
二、对党的认识、入党动机、今后努力方向
……………………………
……………………………
三、其他需要向党组织说明的问题
……………………………</td></tr>
<tr><td>谈话人意见</td><td colspan="3">该同志符合申请入党的基本条件。
谈话人签名:
年　月　日</td></tr>
</table>

注:1.谈话人一般是党支部书记、副书记、支部委员。

2.此表的谈话人签字落款时间应在入党申请人递交申请书一个月内,且应在推优或党员推荐环节开展之前。

普通高等学校推荐优秀团员作入党积极分子

登　记　表

（适用于推荐 28 岁以下青年学生入党填写）

<table>
<tr><td>姓名</td><td></td><td>性别</td><td></td><td>民族</td><td></td><td>出生年月</td><td colspan="2"></td><td>学号</td><td></td></tr>
<tr><td>院（系）</td><td colspan="3"></td><td>团支部</td><td colspan="6"></td></tr>
<tr><td>入团时间</td><td colspan="3"></td><td>申请入党时间</td><td colspan="6"></td></tr>
<tr><td>个人
简历</td><td colspan="10"></td></tr>
<tr><td>奖惩
情况</td><td colspan="4">（填写大学期间奖励或处分）</td><td colspan="3">团支部大会表决情况</td><td colspan="3">应到人数：
实到人数：
赞成票数：</td></tr>
<tr><td>团支部
推荐意见</td><td colspan="10">该同学自入校以来，思想上……；学习上……；担任……工作上……；生活上……。
综合考察，同意推荐。

团支部书记签字：
年　　月　　日</td></tr>
<tr><td colspan="5">院（系）分团委（团总支）意见</td><td colspan="6">学校团委意见</td></tr>
<tr><td colspan="5">盖章
年　　月　　日</td><td colspan="6">盖章
年　　月　　日</td></tr>
</table>

普通高等学校党员推荐入党申请人作入党积极分子
登 记 表

（适用于推荐教职工或28岁以上的青年学生入党填写）

申请入党人姓名		性别	
民族		出生年月日(周岁)	
籍贯		所在单位	
担任职务		入党申请时间	
党员推荐人 姓名及职务	张三、李四、王五		
申请入党人 现实表现情况	张三(党员)：……………… 李四(党员)：……………… 王五(党员)：………………		
党员推荐意见	同意推荐该同志为入党积极分子，请党支部审批。 党员签名： ______年___月___日		

注：1.此表由入党申请人所在支部党员填写，至少2~3名正式党员推荐。

2.此表的签字落款时间应在党支部派人同入党申请人谈话后。

思想汇报的格式及内容

思想汇报的基本格式同入党申请书。

凡向党组织递交了入党申请书,经支部大会讨论通过,并报上级党组织批准,确定为入党积极分子后,都必须定期向党组织汇报自己的思想、学习、工作、生活等情况。

思想汇报要真实反映自己的思想和认识,倾吐自己的真实想法,进步的成效,不要空洞,更不允许抄袭。

思想汇报必须手写,至少每季度一份。

普通高等学校入党积极分子被确定为发展对象前征求党员和群众意见表

______党总支______党支部

<table>
<tr><td>入党积极分子姓名</td><td colspan="2"></td><td>所在单位(团支部)</td><td></td></tr>
<tr><td>座谈会时间</td><td colspan="2"></td><td>座谈会地点</td><td></td></tr>
<tr><td colspan="3">座谈会主持人(签名):</td><td colspan="2">座谈会记录人(签名):</td></tr>
<tr><td rowspan="3">党员和群众
评议情况</td><td colspan="4">参加座谈会的党员(含党小组成员、培养联系人)姓名:(不少于3人)</td></tr>
<tr><td colspan="4">参加座谈会的普通群众姓名:(不少于3人)</td></tr>
<tr><td colspan="4">党员和群众对发展对象综合表现的评议:
1.张三:………………
2.李四:………………</td></tr>
<tr><td>党支部
意见</td><td colspan="2">考察人(主持人)签名:
年　月　日</td><td colspan="2">党支部书记签名:
年　月　日</td></tr>
</table>

注:此表的党支部书记签字落款时间应在《入党积极分子培养教育考察登记簿》第6页“综合考察结论意见”栏的落款时间前。

普通高等学校发展党员函调证明信(第一联)

________________(对方党组织名称):

贵单位 ×××同志 系我单位 ×××(发展对象) 之 父或母 。

×××(发展对象)已被确定为发展对象,拟于近期发展,按照《中国共产党发展党员工作细则》要求,特请贵单位党组织为 ×××同志 出具一份政治审查材料,可直接填写在附表中。

请贵单位填好并加盖党组织公章后,将《函调回信(第二联)》与《政审材料》一并邮寄给我们。感谢对我单位工作的支持和帮助!

回信地址:××省××市________________,

×××大学×××党总支(第×党支部),邮编:________。

(党总支盖章)

年　　月　　日

________________________________(请沿此线剪开)

函调回信(第二联)

×××大学×××党总支(第×党支部):

你单位所需之政审材料已填好,共______页,现与附表一并寄回,请查收。

附件:《政审材料》共______份。

(党组织盖章)

年　　月　　日

政 审 材 料

<table>
<tr><td>姓名</td><td></td><td>性别</td><td></td><td>出生年月</td><td></td></tr>
<tr><td>民族</td><td></td><td>文化程度</td><td></td><td>职业</td><td></td></tr>
<tr><td>家庭出身</td><td></td><td>本人成分</td><td></td><td>政治面貌</td><td></td></tr>
<tr><td>籍贯</td><td></td><td>工作单位
及职务</td><td colspan="3"></td></tr>
<tr><td rowspan="3">本人情况</td><td>政治历史
是否清楚</td><td colspan="4"></td></tr>
<tr><td>“文革”及 89 年
“政治风波”期间
政治表现</td><td colspan="4"></td></tr>
<tr><td>现实表现(是否
参加“法轮功”
等非法组织)</td><td colspan="4"></td></tr>
<tr><td colspan="2">其他需要说明情况</td><td colspan="4"></td></tr>
<tr><td colspan="6">(党组织盖章处)
年　月　日</td></tr>
</table>

说明:请用黑色签字笔或钢笔填写。

中共××××委员会
关于×××等×名同志的预审意见

×××党总支(第×党支部):

经对×××等×名同志的条件、培养教育情况等进行审查,结果为合格,同意提交支部大会讨论接收其为中共预备党员。同时,发放《中国共产党入党志愿书》×份,请指导其认真填写。

附件:预审结果

中共××××委员会

××××年××月××日

附件

预 审 结 果

一、×××党支部(共×名)

1.×××(姓名),入党志愿书编号为:×××。

2.×××(姓名),入党志愿书编号为:×××。

……

二、×××党支部(共×名)

1.×××(姓名),入党志愿书编号为:×××。

2.×××(姓名),入党志愿书编号为:×××。

……

普通高等学校发展对象被接收为预备党员前公示表

（学生版）

____________党总支____________党支部

<table>
<tr><td>姓名</td><td></td><td>学号</td><td></td><td rowspan="6">一寸彩色照片
张贴处</td></tr>
<tr><td>出生年月日</td><td></td><td>性别</td><td></td></tr>
<tr><td>民族</td><td></td><td>学院</td><td></td></tr>
<tr><td>年级专业班级</td><td></td><td>现(曾)担任职务</td><td></td></tr>
<tr><td>外语过级情况</td><td></td><td>计算机过级情况</td><td></td></tr>
<tr><td>上学期学习成绩的专业(或专业方向)排名</td><td>如:1/60</td><td>学校党校培训成绩</td><td>____期通过</td></tr>
<tr><td>申请入党时间</td><td></td><td>确定为积极分子时间</td><td colspan="2"></td></tr>
<tr><td>确定为发展对象时间</td><td></td><td>居住地(寝室号)</td><td colspan="2"></td></tr>
<tr><td>确定为入党积极分子以来,在思想、工作、学习、生活等各方面情况(含何时何地受过何种奖励)</td><td colspan="4"></td></tr>
<tr><td>公示结论</td><td colspan="4">(公示后填写)</td></tr>
<tr><td>党支部意见</td><td colspan="4">党支部书记签名:
________年____月____日</td></tr>
</table>

说明：

1.公示期不少于五个工作日，时间从________年____月____日到____月____日。

2.广大师生如对发展对象有异议，可以通过书面、电子邮件或电话等方式与______党总支联系。

党总支联系电话：____________；邮箱：______________。

（党总支盖章）

________年____月____日

注：公示后党支部书记的签字落款时间应在《入党积极分子培养教育考察登记簿》第7页“支部委员会研究意见”栏的落款时间之前。

普通高等学校发展对象被接收为预备党员前公示表

（教职工版）

______党总支______党支部

<table>
<tr><td>姓名</td><td></td><td>性别</td><td></td><td rowspan="6">一寸彩色照片
张贴处</td></tr>
<tr><td>出生年月日</td><td></td><td>民族</td><td></td></tr>
<tr><td>所在单位</td><td></td><td>职务/职称</td><td></td></tr>
<tr><td>学历</td><td></td><td>学位</td><td></td></tr>
<tr><td>参加工作时间</td><td></td><td>申请入党时间</td><td></td></tr>
<tr><td>确定为积极分子时间</td><td></td><td>确定为发展对象时间</td><td></td></tr>
<tr><td>学校党校培训成绩</td><td>___期通过</td><td>居住地</td><td colspan="2"></td></tr>
<tr><td>确定为积极分子以来，在思想、工作（教学、科研、管理、服务等岗位）、生活等各方面情况（含何时何地受过何种奖励）</td><td colspan="4"></td></tr>
<tr><td>公示结论</td><td colspan="4">（公示后填写）</td></tr>
<tr><td>党支部意见</td><td colspan="4">党支部书记签名：
______年___月___日</td></tr>
</table>

说明：

1.公示期不少于五个工作日，时间从______年___月___日到___月___日。

2.广大师生如对发展对象有异议，可以通过书面、电子邮件或电话等方式与______党总支联系。

党总支联系电话：________；邮箱：________。

（党总支盖章）

______年_____月___日

注：公示后党支部书记的签字落款时间应在《入党积极分子培养教育考察登记簿》第7页“支部委员会研究意见”栏的落款时间之前。

转正申请书的格式及要求

转正申请书的基本格式同入党申请书。

转正申请书的内容主要包括四个方面:一是简况,说明自己是何时被批准入党的,何时预备期满,并正式向党组织提出转正申请;二是自己在预备期间的表现,要以党员标准衡量自己,做一次全面的回顾和评价,还有在预备期中发生的应当向组织说明的问题等;三是今后努力方向;四是对待能否转正的态度。

转正申请书必须手写。

普通高等学校预备党员转正前征求党员和群众意见表

__________党总支__________党支部

<table>
<tr><td>预备党员姓名</td><td></td><td>所在单位(团支部)</td><td></td></tr>
<tr><td>座谈会时间</td><td></td><td>座谈会地点</td><td></td></tr>
<tr><td colspan="2">座谈会主持人(签名):</td><td colspan="2">座谈会记录人(签名):</td></tr>
<tr><td rowspan="3">党员和群众
评议情况</td><td colspan="3">参加座谈会的党员(含党小组、入党介绍人)姓名:(不少于3人)</td></tr>
<tr><td colspan="3">参加座谈会的群众姓名:(不少于3人)</td></tr>
<tr><td colspan="3">党员和群众对预备党员综合表现的评议:
1.张三:………………
2.李四:………………</td></tr>
<tr><td>党支部
意见</td><td colspan="3">考察人(主持人)签名: 党支部书记签名:
年 月 日 年 月 日</td></tr>
</table>

注:此表党支部书记签名落款时间应在《中共预备党员教育考察登记簿》第5页的"党支部对其转正的意见"栏的落款时间前。

普通高等学校预备党员转正前公示表

（学生版）

________党总支________党支部

<table>
<tr><td>姓名</td><td></td><td>学号</td><td></td><td rowspan="6">一寸彩色照片
张贴处</td></tr>
<tr><td>出生年月日</td><td></td><td>性别</td><td></td></tr>
<tr><td>民族</td><td></td><td>学院</td><td></td></tr>
<tr><td>年级专业班级</td><td></td><td>现（曾）担任职务</td><td></td></tr>
<tr><td>外语过级情况</td><td></td><td>计算机过级情况</td><td></td></tr>
<tr><td>上学期学习成绩的专业（或专业方向）排名</td><td>如：1/60</td><td>居住地（寝室号）</td><td></td></tr>
<tr><td>吸收为预备党员时间</td><td colspan="4"></td></tr>
<tr><td>预备期间在思想、工作、学习、生活等各方面情况（含何时何地受过何种奖励）</td><td colspan="4"></td></tr>
<tr><td>公示结论</td><td colspan="4">（公示后填写）</td></tr>
<tr><td>党支部意见</td><td colspan="4">党支部书记签名：
______年___月___日</td></tr>
</table>

说明：

1.公示期不少于五个工作日，时间从______年___月___日到___月___日。

2.广大师生如对发展对象有异议，可以通过书面、电子邮件或电话等方式与_____党总支联系。党总支联系电话：__________；邮箱：___________。

（党总支盖章）

______年___月___日

注：此表党支部书记签名落款时间应在《中共预备党员教育考察登记簿》第5页的“党支部对其转正的意见”栏的落款时间前。

普通高等学校预备党员转正前公示表

（教职工版）

__________党总支__________党支部

姓名		性别		一寸彩色照片 张贴处
出生年月日		民族		
所在单位		职务/职称		
学历		学位		
参加工作时间		居住地		
吸收为预备党员时间				
预备期间在思想、工作（教学、科研、管理、服务等岗位）、生活等各方面情况（含何时何地受过何种奖励）				
公示结论	（公示后填写）			
党支部意见	党支部书记签名： ______年___月___日			

说明：

1.公示期不少于五个工作日，时间从______年____月____日到____月____日。

2.广大师生如对发展对象有异议，可以通过书面、电子邮件或电话等方式与______党总支联系。党总支联系电话：__________；邮箱：__________。

（党总支盖章）

______年____月___日

注：此表党支部书记签名落款时间应在《中共预备党员教育考察登记簿》第5页的“党支部对其转正的意见”栏的落款时间前。

普通高等学校接收预备党员表决票

党支部名称：____________________　　　　　　　　　　年　　月　　日

发展对象姓名		×××
表决意见	同意	
	不同意	
	弃权	

说明：

请在"表决意见"栏的选项中选择一项打上"○"。选择两项或两项以上的，为无效票；不作选择的，视作弃权票。

普通高等学校预备党员转正表决票

党支部名称：________________　　　　　　　　　　　　年　　月　　日

预备党员姓名		×××
表决意见	同意	
	不同意	
	弃权	

说明：

请在“表决意见”栏的选项中选择一项打上“○”。选择两项或两项以上的，为无效票；不作选择的，视作弃权票。

入党积极分子
培养教育考察登记簿

支　部 ×××党总支×××党支部

姓　名 ×××

填写说明：

1.凡被确定为入党积极分子的同志,应填写此簿。

2.此簿由党支部保存,由入党介绍人和党支部负责填写。

3.入党积极分子调动工作时,应及时将此簿转移调入单位党组织。

4.要认真、具体、实事求是记载。栏目不够可增加附页。

5.吸收积极分子入党时,党支部应将此簿连同入党志愿书一并上报。

<table>
<tr><td>姓名</td><td>×××</td><td>性别</td><td>男/女</td><td>民族</td><td>如:汉族</td></tr>
<tr><td>出生年月</td><td>××××年××月</td><td>出生地</td><td>××省××市</td><td>籍贯</td><td>××省××市</td></tr>
<tr><td>学历</td><td>已取得的
最高学历</td><td colspan="2">学位或职称</td><td colspan="2">已取得的最高学位/职称</td></tr>
<tr><td colspan="2">单位、职务或职业</td><td colspan="4">××大学××学院××专业××班级,团支部书记</td></tr>
<tr><td colspan="2">现居住地</td><td colspan="4">××大学××栋××寝室</td></tr>
<tr><td>入团时间</td><td>××××年××月××日</td><td colspan="2">申请入党时间、形式</td><td colspan="2">××××年××月××日(与入党申请书落款时间一致),书面申请</td></tr>
<tr><td colspan="2">何时确定为积极分子</td><td colspan="4">××××年××月××日(与第 2 页“确定为积极分子的根据和意见”栏的落款时间一致)</td></tr>
<tr><td rowspan="2">入党介绍人
或培养人</td><td>姓名</td><td colspan="2">×××(须是正式党员)</td><td>职务</td><td>党内、外职务均可</td></tr>
<tr><td>姓名</td><td colspan="2">×××(须是正式党员)</td><td>职务</td><td>党内、外职务均可</td></tr>
<tr><td>何时何地受何种奖励;何时何地受何种处分</td><td colspan="5">填写进入大学后的情况:
××××年××月　被评为××大学“××××”
……</td></tr>
<tr><td>简
历</td><td colspan="5">从上小学读书起,写清楚起止年月、地点、单位、职务、证明人。如:
××××年 9 月—××××年 7 月　就读于××省××市××学校,读小学,证明人×××;
××××年 9 月—××××年 7 月　就读于××省××市××学校,读初中,证明人×××;
××××年 9 月—××××年 7 月　就读于××省××市××学校,读高中,证明人×××;
××××年 9 月至今　就读于××大学,证明人×××(大学)</td></tr>
</table>

确定为积极分子的根据和意见

党支部书记填写。写明入党申请人自递交入党申请书以来,对党的认识,在思想、学习、工作方面等方面的现实表现及存在的不足。经由党员推荐或者群团组织推优,支委会(支部大会)是否同意作为入党积极分子培养的意见。

(最后必须要有结论性语言,如:经支委会或党支部大会研究,同意将×××确定为入党积极分子。)

注意:凡涉及签署意见后再签名的,签名笔迹须与所写意见笔迹保持一致,同一签名人的笔迹须一致。

党支部书记签名＿＿＿＿＿＿　　　　年　　月　　日

(注:此处的落款时间即为该同志确定为入党积极分子的时间)

培养教育情况及鉴定意见

年 月 — 月	两名培养联系人讨论后一人填写,重点写清积极分子的政治觉悟、思想品质、入党动机和工作、学习、作风等方面的优缺点。每半年填写一次,考察时间应保持连续性。(不够可另加附页) 签名＿＿＿＿＿＿　　　　年　　月　　日

<table>
<tr><th colspan="2">培养教育情况及鉴定意见</th></tr>
<tr><td>年
月
—
月</td><td>同上。

签　名________________　　　　年　　月　　日</td></tr>
<tr><td>年
月
—
月</td><td>同上。

签　名________________　　　　年　　月　　日</td></tr>
</table>

考 察 情 况	
政治历史的考察及结论	考察人填写。确定为发展对象后,通过同本人谈话、查阅有关档案材料、函调等方式,写明发展对象本人经历是否清楚,历史是否清白。(如:经考察,该同志经历清楚,历史清白)(可统一刻制印章) 注:请先填写下一页"综合考察结论意见""党内讨论是否确定为发展对象的意见""确定为发展对象后的谈话记录"后再填写此栏,且应在收到"政审材料"后填写。 考察人签名______________ 年 月 日 (注:此处的落款时间应在"确定为发展对象后的谈话记录"栏落款时间之后)
社会关系考察及结论	考察人填写。确定为发展对象后,通过同本人谈话、查阅有关档案材料、函调等方式,写明发展对象直系亲属及联系密切的主要社会关系是否清楚。(如:经考察,该同志直系亲属及联系密切的主要社会关系清楚)(可统一刻制印章) 考察人签名______________ 年 月 日 (注:此处的落款时间应在"政治历史的考察及结论"栏落款时间之后)

考　察　情　况	
现实考察及结论	考察人填写。写明发展对象本人现实表现的考察情况，指出存在的不足和努力方向。 考察人签名________________　　　　年　　月　　日 （注：此处的落款时间应在“社会关系的考察及结论”栏落款时间之后）

党的基本知识考核、考试成绩
直接将院（系）级入党积极分子培训班结业证书、学校党校发展对象培训结业证书原件粘贴在方框内，无需再盖章和落款。 主考单位盖章________________　　　　年　　月　　日

综合考察结论意见

考察人填写。对入党积极分子经过一年以上的培养教育后,对其本人在政治觉悟、思想品质、入党动机和工作、学习、作风等方面进行综合评价,提出是否作为发展对象的建议。

考察人签名______________　　　　年　　月　　日

(注:此处的落款时间应为征求党员和群众意见后,被确定为发展对象前)

党内讨论是否确定为发展对象的意见

支部书记填写。着重就入党积极分子本人的政治觉悟、思想品质、入党动机和工作、学习、作风等方面进行综合评价,明确提出支部党员对是否同意确定为发展对象的讨论意见。

(最后必须要有结论性语言,如:经支委会(或支部党员大会)讨论研究,同意将×××确定为发展对象。)

党支部书记签名______________　　　　年　　月　　日

(注:此处的落款时间即为该同志确定为发展对象的时间)

确定为发展对象后的谈话记录

谈话人填写。主要填写通过谈话了解到的发展对象入党动机、对党的认识、政治理论素养等，肯定积极分子取得的进步，指出今后努力方向，并表明是否同意确定为发展对象。

谈话人签名______________ 年 月 日

支部委员会研究意见

支部书记填写。指的是支委会的意见，写明经支委会（或党支部党员大会）研究，发展对象是否已经基本具备了预备党员条件，综合发展对象的政治审查、教育培训、综合考察等情况，准备近期发展，先报党总支审议后报党委预审。

（如：经支委会或党支部党员大会研究，该同志已经具备了预备党员的条件，准备近期发展，报党总支审议后报党委预审）（可统一刻制印章）

党支部书记签名______________ 年 月 日

（注：此处的落款时间应在发展对象被接收为预备党员前进行公示五个工作日无异议后）

中共重庆市委组织部

2007 年 2 月制

编号：

中国共产党
入党志愿书

申请人姓名 ×××

说　明

一、申请人填写入党志愿书要严肃、认真、忠实。填写前,党支部负责人或入党介绍人应将表内项目向申请人解释清楚。

二、填写入党志愿书须使用钢笔、签字笔或毛笔,并使用黑色或蓝黑色墨水。字迹要清晰、工整。表内的年、月、日一律用公历和阿拉伯数字。表内栏目没有内容填写时,应注明“无”。个别栏目填写不下时,可加附页。

三、在上级党组织批准预备党员转为正式党员后,应及时将入党志愿书存入本人档案,没有档案的,由基层党委保存。

誓　词

我志愿加入中国共产党,拥护党的纲领,遵守党的章程,履行党员义务,执行党的决定,严守党的纪律,保守党的秘密,对党忠诚,积极工作,为共产主义奋斗终身,随时准备为党和人民牺牲一切,永不叛党。

<table>
<tr><td>姓名</td><td>与身份证一致</td><td>性别</td><td>×</td><td rowspan="4">正面免冠照片
(2寸)</td></tr>
<tr><td>民族</td><td>填全,如汉族</td><td>出生年月</td><td>××××年××月
填写公历时间</td></tr>
<tr><td>籍贯</td><td>××省××市
(县、区)</td><td>出生地</td><td>××省××市
(县、区)</td></tr>
<tr><td>学历</td><td>已取得的最高学历</td><td>学位
或职称</td><td>已取得的最高学位</td></tr>
<tr><td colspan="2">单位、职务或职业</td><td colspan="3">×××大学,班长,学生</td></tr>
<tr><td colspan="2">现居住地</td><td colspan="3">填写现固定居住的详细地点</td></tr>
<tr><td colspan="2">居民身份证号码</td><td colspan="3">××××××</td></tr>
<tr><td colspan="2">有何专长</td><td colspan="3">如实填写,没有填无</td></tr>
<tr><td colspan="5">入党志愿</td></tr>
<tr><td colspan="5">发展对象本人填写,首先表明申请人的入党志愿,阐述自己对党的纲领、性质、指导思想、宗旨、任务、作风、组织原则和纪律的认识,党员的权利和义务的认识,表明自己的入党动机和态度,汇报自己在思想、学习、工作等方面的表现和不足,明确对自己的要求和今后努力的方向。
注:在格式上,无需标题、称谓、落款和时间;在内容上,应比入党申请书更近一步,对党的认识应与时俱进。</td></tr>
</table>

本人经历(包括学历)			
自何年何月	至何年何月	在何地、何部门、任何职	证明人
2006 年 9 月	2012 年 7 月	××省××县(市)××小学 班长	×××
2012 年 9 月	2015 年 7 月	××省××县(市)××中学 班长	×××
2015 年 9 月	2018 年 7 月	××省××县(市)××中学 班长	×××
2018 年 9 月	至今	×××大学 职务	×××
注:从上小学填起,起止年月要衔接。“在何地、何单位”要写全称。“任何职”应写明主要职务。参加电大、函大、夜大、职大、自学考试等学习的,都应填写;取得学位的在相应栏目中注明。“证明人”填写熟悉本人情况的人或一同学习、工作过的人。			

何时何地加入中国共产主义青年团	××××年××月××日在××市××学校加入中国共产主义青年团。
何时何地参加过何种民主党派或工商联，任何职务	如实填，没有请写“无”。
何时何地参加过何种反动组织或封建迷信组织，任何职务，有何活动，以及有何其他政治历史问题，结论如何	如实填，没有请写“无”。
何时何地何原因受过何种奖励	一般填写校级及以上奖励。 ××××年××月　荣获××大学“优秀××”；
何时何地何原因受过何种处分	填写受到党纪、政纪、团纪处分或刑事处罚的情况。经组织复查被平反纠正的不需填写。

<table>
<tr><td rowspan="10">家庭主要成员情况</td><td rowspan="4">配偶</td><td>姓名</td><td>配偶姓名（如未婚填“无”）</td><td>民族</td><td></td><td>出生年月</td><td></td></tr>
<tr><td>籍贯</td><td colspan="2"></td><td>学历</td><td colspan="2"></td></tr>
<tr><td>参加工作时间</td><td colspan="2"></td><td>政治面貌</td><td colspan="2"></td></tr>
<tr><td>单位、职务或职业</td><td colspan="5"></td></tr>
<tr><td rowspan="6">其他成员</td><td>关系</td><td>姓名</td><td>出生年月</td><td>政治面貌</td><td colspan="2">单位、职务或职业</td></tr>
<tr><td>父亲</td><td>×××</td><td>××××年××月</td><td>中共党员</td><td colspan="2">××大学　教师</td></tr>
<tr><td>母亲</td><td>×××</td><td>××××年××月</td><td>群众</td><td colspan="2">××单位　职工</td></tr>
<tr><td>弟弟</td><td>×××</td><td>××××年××月</td><td>共青团员</td><td colspan="2">××中学　学生</td></tr>
<tr><td></td><td></td><td></td><td></td><td colspan="2"></td></tr>
<tr><td></td><td></td><td></td><td></td><td colspan="2"></td></tr>
<tr><td colspan="2" rowspan="6">主要社会关系情况</td><td>爷爷</td><td>×××</td><td>××××年××月</td><td>中共党员</td><td colspan="2">××省××市××县××镇××村　务农</td></tr>
<tr><td>外婆</td><td>×××</td><td>××××年××月</td><td>群众</td><td colspan="2">××省××市××县××镇××村　务农</td></tr>
<tr><td>伯伯</td><td>×××</td><td>××××年××月</td><td>中共党员</td><td colspan="2">××单位　职工</td></tr>
<tr><td>舅舅</td><td>×××</td><td>××××年××月</td><td>中共党员</td><td colspan="2">××单位　职工</td></tr>
<tr><td></td><td></td><td></td><td></td><td colspan="2"></td></tr>
<tr><td></td><td></td><td></td><td></td><td colspan="2"></td></tr>
</table>

需要向党组织说明的问题	主要填写需要向党组织说明,而在其他栏目中不好填写的问题。若没有,请填写“无”。
本人签名或盖章 ×××　　　　年　月　日	

入党介绍人意见	入党介绍人填写，介绍申请人的思想政治素质和道德品质、入党动机、学习和工作情况，并加以认真分析和作出全面评价，同时，实事求是地指出缺点和不足，并提出努力方向。写明申请人是否具备共产党员的基本条件，是否愿意作为入党介绍人介绍其加入中国共产党。 （最后必须要有结论性的语言，如：……，我认为该同志具备了共产党员的条件，我愿意作为入党介绍人介绍其加入中国共产党） 介绍人单位、职务或职业＿＿＿如实填＿＿＿ 签名或盖章＿×××＿　　年　月　日
	同意第一介绍人意见。具体表述同第一介绍人，但文字表述不能与第一介绍人意见完全一致。 介绍人单位、职务或职业＿＿＿如实填＿＿＿ 签名或盖章＿×××＿　　年　月　日

支部大会通过接收申请人为预备党员的决议

支部书记填写，综合支部大会对入党申请人基本评价（思想政治表现、入党动机、学习工作生活表现等），明确提出申请人的不足和努力的方向。

必须写明支部大会的表决情况：会议时间、地点，支部大会应到党员人数、实到党员人数，其中应到有表决权的正式党员人数、实到表决权的正式党员人数，经无记名投票表决（必须写明），同意、不同意和弃权的人数以及表决结果。写明支部名称，落款日期为支部大会召开之日。

（对票数的具体要求是：实到会有表决权的正式党员人数必须超过应到会有表决权的正式党员的半数，才能开会；赞成人数超过应到会有表决权的正式党员的半数，才能通过接收预备党员的决议。因故不能到会的有表决权的正式党员，在支部大会召开前正式向党支部提出书面意见的，应当统计在票数内。）

支部名称 ××支部　　　　支部书记签名或盖章 ×××

年　月　日

上级党组织指派专人进行谈话情况和对申请人入党的意见

谈话人填写，了解申请人对党的认识、入党动机、熟悉党员权利和义务的情况以及本人的综合表现；有针对性地对申请人进行党的基本知识教育；根据谈话了解掌握的情况，对申请人是否具备党员条件、能否入党表明自己的意见，并提出希望和要求。

如：受党组织委托，我于××××年××月××日与×××同志进行了谈话。谈话内容主要是……

综上，我认为×××同志已基本具备党员条件，可以接收为预备党员，建议党委审批。

谈话人单位、职务或职业 如实填

签名或盖章 ×××　　　　年　月　日

总支部审查(审批)意见

由党总支书记填写,写明经××××年××月××日党总支委员会审议,申请人是否符合入党条件,拟同意接纳其为中共预备党员,提请党委审批。

总支部名称 ×党总支 总支部书记签名或盖章 ×××

年 月 日

基层党委审批意见

填写党委是否同意接收申请人为预备党员。同意接收申请人为预备党员的注明预备期从何年何月何日起至何年何月何日止。(时间应对年对月对日,如预备期一年,从2018年10月22日起至2019年10月22日止)

(如:经××××年××月××日党委会研究,该同志具备党员条件,入党手续完备,同意批准为预备党员,预备期为一年,从何年何月何日至何年何月何日)。(可统一刻制印章)

基层党委盖章 党委书记签名或盖章 ×××

年 月 日

支部大会通过预备党员能否转为正式党员的决议

党支部书记填写，简要评价预备党员预备期间的表现（思想、学习、工作表现，履行党员义务，发挥党员作用等），指出其存在的缺点和今后努力的方向，写明支部党员大会表决的情况，写明申请人是否具备转正条件。

必须写明支部大会的表决情况：会议时间、地点，支部大会应到党员人数、实到党员人数，其中应到有表决权的正式党员人数、实到表决权的正式党员人数，经无记名投票表决（必须写明），同意、不同意和弃权的人数以及表决结果。写明支部名称，落款日期为支部大会召开之日。

（对票数的具体要求：同接收为预备党员）

支部名称 ××支部　　　　支部书记签名或盖章 ×××

年　月　日

总支部审查（审批）意见

党总支书记填写，写明经××××年××月××日党总支委员会审议，申请人符合转正条件，拟同意转为中共正式党员，请党委审批。

或：写明经××××年××月××日党总支委员会审议，申请人不符合转正条件，拟延长预备期多长时间，预备期至××××年××月××日，请党委审批。

或：写明经××××年××月××日党总支委员会审议，申请人不符合转正条件，拟取消其预备党员资格，提请党委审批。

总支部名称 ×党总支　　　　总支部书记签名或盖章 ×××

年　月　日

基层党委审批意见

填写党委是否同意预备党员转为正式党员，并注明党员的党龄，从预备期满转为正式党员之日算起。

（如：经××××年××月××日党委会研究，该同志认真履行党员义务，具备党员条件，同意按期转为正式党员，党龄从预备期满之日算起）。

或：经××××年××月××日党委会研究，申请人不符合转正条件，决定延长预备期多长时间，预备期至××××年××月××日。

或：经××××年××月××日党委会研究，申请人不符合转正条件，决定取消其预备党员资格。

基层党委盖章　　　　党委书记签名或盖章 ×××

年　月　日

支部大会通过延长预备期的党员能否转为正式党员的决议

党支部书记填写，简要评价预备党员延长预备期间的表现（思想、学习、工作表现，履行党员义务，发挥党员作用等），指出其存在的缺点和今后努力的方向，写明支部党员大会表决的情况，写明申请人是否具备转正条件。

必须写明支部大会的表决情况：会议时间、地点，支部大会应到党员人数、实到党员人数，其中应到有表决权的正式党员人数、实到表决权的正式党员人数，经无记名投票表决（必须写明），同意、不同意和弃权的人数以及表决结果。写明支部名称，落款日期为支部大会召开之日。

（对票数的具体要求：同接收为预备党员）

支部名称 ××支部　　　　支部书记签名或盖章 ×××

年　月　日

总支部审查（审批）意见

党总支书记填写，写明经××××年××月××日党总支委员会审议，申请人符合转正条件，拟同意转为中共正式党员，提请党委审批。

或：写明经××××年××月××日党总支委员会审议，申请人不符合转正条件，拟取消其预备党员资格，请党委审批。

总支部名称 ×党总支　　　　总支部书记签名或盖章 ×××

年　月　日

基层党委审批意见

填写党委是否同意预备党员转为正式党员，并注明党员的党龄，从延长预备期满后转为正式党员之日算起。

（如：经××××年××月××日党委会研究，该同志认真履行党员义务，具备党员条件，同意转为正式党员，党龄从延长预备期满之日算起）。

或：经××××年××月××日党委会研究，申请人不符合转正条件，决定取消其预备党员资格。

基层党委盖章　　　　党委书记签名或盖章 ×××

年　月　日

备　注

1.填写在吸收有关人员入党,需要提高审批权限的情况下,县级以上党委的审批意见;填写取消预备党员资格和预备党员因故去世等情况。

2.如果本入党志愿书为补办,则一般应在此栏备注补办的原因及时间。

中共中央组织部
2004 年制
中共重庆市委组织部翻印

中共预备党员

教育考察登记簿

支部____×××____

姓名____×××____

填写说明：

1.凡被吸收为预备党员的同志,应填写此簿。

2.此簿由党支部保管,入党介绍人和党支部负责填写。

3.预备党员在预备期间调动工作,应及时将此簿转移调入单位党组织。

4.记载要认真、具体、实事求是。栏目不够可增加附页。

5.预备党员转正时,党支部应将此簿连同入党志愿书一并上报。

<table>
<tr><td>姓名</td><td>×××</td><td>性别</td><td>×</td><td>年龄</td><td>××</td></tr>
<tr><td colspan="3">何时在何地吸收入党</td><td colspan="3">××××年××月××日,在××大学被××党总支××党支部吸收为预备党员</td></tr>
<tr><td rowspan="2">入党介绍人</td><td>姓名</td><td>×××</td><td>职务</td><td>如实填</td><td></td></tr>
<tr><td>姓名</td><td>×××</td><td>职务</td><td>如实填</td><td></td></tr>
<tr><td colspan="6">吸收入党时支部大会上党员提的意见和要求及个人的态度</td></tr>
<tr><td colspan="6">入党介绍人填写,写明吸收入党时支部大会上党员提出的意见和要求,本人的表态及今后努力的方向。</td></tr>
</table>

预备期间的教育情况

<table>
<tr><td>年
月
—
月</td><td>入党介绍人填写,重点写清预备党员入党以来思想、工作、学习和生活表现情况,尤其是参与党组织活动、组织纪律性和原则性等具体表现情况。在肯定其成绩的同时,要注意指出缺点和不足,并在其预备期满时提出能否按期转正的意见。
注:每4个月填写一次,注意时间连续性。

入党介绍人:________　　年　月　日</td></tr>
<tr><td>年
月
—
月</td><td>同上。

入党介绍人:________　　年　月　日</td></tr>
</table>

<table>
<tr><th colspan="2">预备期间的教育情况</th></tr>
<tr><td>年
月
——
月</td><td>同上。

入党介绍人：________　　　　年　月　日</td></tr>
<tr><th colspan="2">备　注</th></tr>
<tr><td colspan="2">若没有，填“无”。</td></tr>
</table>

预备期间的考察情况

考察内容,预备党员在预备期间,能否自觉履行党员义务;能否用党员标准严格要求自己;在实际工作中,能否执行党的路线、方针、政策和党组织的决议,起模范带头作用;入党动机是否端正,共产主义信念是否坚定,是否符合党员条件。

支部书记填写党支部综合考察形成意见,写明预备党员在预备期履行党员义务,发挥模范带头作用,以及完成党组织交给的任务等情况,写明其是否符合党员条件。

党小组对其转正的讨论意见

党小组长填写，内容通过党小组集体讨论形成，结合预备党员预备期的综合表现，对照党员标准，明确提出是否同意按期转正意见。（无党小组的此栏可不填写）

党小组长签名__________ 年 月 日

党支部对其转正的意见

支部书记填写，写明预备党员在预备期间的综合表现、参加党组织活动、开展批评与自我批评、全面进步情况，明确其是否已经达到转正的基本条件，支委会研究是否同意提交支部大会讨论。

党支部书记签名__________ 年 月 日

中共重庆市委组织部

2007 年 2 月制

党员材料归档清单

党总支名称：________　　党支部名称：________

姓名		学号	
出生年月日		性别	
民族		学院	
年级专业班级		身份证号码	
接收为预备党员时间		预备党员转正时间	

序号	材料名称
1	入党申请书(含个人自传)
2	党支部派人同入党申请人谈话情况记录表
3	推荐优秀团员作入党积极分子登记表或推荐入党申请人作入党积极分子登记表
4	入党积极分子培养教育考察登记簿
5	思想汇报
6	入党积极分子培训结业证书
7	入党积极分子被确定为发展对象前征求党员和群众意见表
8	政审材料
9	发展对象培训结业证书
10	发展对象书面预审意见
11	发展对象被接收为预备党员前公示表
12	入党志愿书
13	中共预备党员教育考察登记簿
14	转正申请书
15	预备党员转正前征求党员和群众意见表
16	预备党员转正前公示表

归档人：________　　归档时间：________

（四）学院（系）级党组织为二级党委的注意事项

按照规定，高校党委下设的学院（系）级党组织为二级党委的，具备审批预备党员及转正的权限，与上述学院（系）级党组织为党总支的工作规范有区别，具体注意事项如下：

1.涉及有关表格中的"党总支审核情况""党总支审议情况""党委组织部门审核情况""党委组织部门预审情况""党委审批情况"，相对应地修改为二级党委审核备案意见、二级党委预审意见、二级党委审批意见等。

2.《入党积极分子培养教育考察登记簿》中的"支部委员会研究意见"栏：指的是支委会的意见，党支部书记填写，写明经支委会（或党支部党员大会）研究，发展对象是否已经基本具备了预备党员条件，综合发展对象的政治审查、教育培训、综合考察等情况，准备近期发展，现报二级党委预审。

3.入党志愿书中的两处"总支部审查（审批）意见"栏不填。

二、普通高等学校发展学生党员工作规程

普通高等学校发展学生党员工作规程

一、入党积极分子确定和培养教育的基本规程

（一）接续培养衔接。高校党组织应做好学生入党的教育培养衔接工作，及时接转和审核高中等各阶段申请入党学生的有关教育培养材料，保持转入高校和转出高校的连续性，对于符合要求的教育培养时间应连续计算。

（二）接收入党申请书。党支部在收到入党申请书时，要及时审查学生本人的年龄、入党动机以及入党申请书的内容等是否符合要求。

（三）与入党申请人谈话。对已递交入党申请书的学生，党支部要在一个月内派人与其谈话，了解其思想动态，安排指导他们学党章以及党的基本知识和基本理论等。

（四）确定入党积极分子。28 周岁以下青年学生，在团组织推优（或党员推荐）产生人选并公示的基础上，由支部委员会（或支部大会）研究确定，并报上级党委备案。一般入党申请人递交入党申请书 6 个月以上的，方可确定。

（五）确定入党积极分子培养联系人。确定入党积极分子后，党支部要同时指定两名正式党员作为培养联系人。培养联系人的主要任务是向入党积极分子介绍党的基本知识，了解其基本情况，端正入党动机，向党支部报告培养情况，提出能否列为发展对象的意见。

（六）入党积极分子教育培训。确定入党积极分子后，纳入学校党校或院（系）分党校举办的入党积极分子培训班进行专题培训。同时，通过党的知识竞赛、征文比赛、参观红色教育基地等形式进行系统培训。

（七）入党积极分子动态管理。党支部要每半年对入党积极分子进行一次考察鉴定，内容包括其入党动机、思想素质、工作情况、学习情况及社会实践等。考察结束后，填写《入党积极分子教育考察登记簿》等相关表格，进行汇总分析，对符合条件的确定为发展对象；对不完全符合条件的通过谈心谈话等方式，指出不足，要求其限期整改；对表现较差、动机不纯、学习态度不端正、党员群众反映意见大等完全不符合条件的经支委会（支部党员大会）研究后，调整出入党积极分子队伍。毕业前未发展的入党积极分子，毕业后应及时转交对方党组织进行接续培养。

二、发展对象确定和考察的基本规程

（一）确定发展对象前征求意见。在确定为发展对象前，党支部应及时召开党员和群众意见座谈会，参加座谈会的党员或群众一般都不少于3人，要求参会的人员逐一对其评议，结束后，填写《入党积极分子被确定为发展对象前征求党员和群众意见表》等相关表格，并将征求意见情况提交支部委员会（或支部大会）研究。

（二）确定发展对象。对经过一年以上培养教育考察、基本具备党员条件的入党积极分子，在听取党小组、培养联系人、党员和群众意见的基础上，经公示无异议，支部委员会（或支部大会）讨论同意并报上级党委备案后，可确定为发展对象。

（三）确定入党介绍人。党支部指定入党积极分子联系人为发展对象的入党介绍人。入党介绍人按规定履行工作职责和具体任务，特别要对发展对象的入党动机进行动态考察。

（四）政治审查。确定为发展对象后须适时对本人及其直系亲属和与本人关系密切的主要社会关系进行政治审查。审查内容、方法和要求按有关规定执行。审查情况应当形成结论性材料。凡是未经政治审查或政治审查不合格的，不能发展入党。

（五）发展对象教育培训。发展对象需纳入学校党校发展对象培训班进行短期集中培训。培训时间一般不少于3天（或不少于24学时），培训合格后方可吸收入党。

（六）发展对象的预审。支部委员会（党支部党员大会）对发展对象进行严格审查，经集体讨论认为合格后，报党委预审。党委预审通过后，审查结果以书面形式通知党支部，并向审查合格的发展对象发放《中国共产党入党志愿书》。

三、预备党员接收的基本规程

（一）发展党员公示。在党支部大会讨论决定吸收预备党员前，将拟接收预备党员的相关信息在适当范围内向党员和群众公示。公示的方式可采取学校公开栏、院（系）公开栏、学生宿舍楼公开栏、院（系）网站等进行，时间不少于5个工作日。

（二）入党材料三级审查。通常情况下，发展党员材料实行党支部—党总支—党委三级材料审查制，审查的重点内容是：发展对象对党的认识、入党动机、思想品德、学习成绩、工作表现、群众基础、材料是否齐全，填写是否规范。

（三）逐个讨论发展和表决。党支部要注重提高支部大会质量，逐个讨论发展和表决，每次讨论发展总数不超过8人。

（四）发展党员票决。在接收预备党员的支部大会上，参会有表决权的正式党员以无记名投票的方式进行表决，确定发展结果。对票数的具体要求是：实到会有表决权的正式党员必须超过应到会有表决权的正式党员的二分之一，才能开会，赞成人数超过应到会有表决权的正式党员的二分之一，方可通过接收预备党员的决议。因故不能到会的有表决权的正式党员，在支部大会召开前正式向党支部提出书面意见的，应当统计在票数内。

（五）入党前谈话。在批准申请人入党之前，高校党组织委托院（系）党组织书记（或副书记）做好与发展对象的谈话工作。通过谈话，进一步了解发展对象对党的基本知识、基本理论的掌握情况，以及思想、学习、工作、生活等方面的现实表现情况，为学校党委把好“入口关”。没有经过谈话环节的不得接收入党，谈话中发现问题的要暂缓发展。

（六）党委及时审批。党委对党支部上报的接收预备党员的决议，应当在三个月内完成审批，并按规定备案。如遇特殊情况可适当延长审批时间，但不得超过六个月。党委会审批要逐个审议和表决。

四、预备党员教育、考察和转正的基本规程

（一）预备期的培养考察。党支部对新接收预备党员，要及时指派入党介绍人继续考察、督促、教育、培养，并要求预备党员对今后的表现做出承诺，接受师生监督，可以党员示范岗、党员寝室、党员床铺挂牌制等形式，激发党员的光荣感和责任感，督促学生党员践行当初对党的庄严承诺，严格自律，避免出现入党前后不一的情况，强化其责任意识。

（二）入党宣誓。预备党员必须面向党旗进行入党宣誓。一般情况，由学校基层党组织举行预备党员入党宣誓仪式。

（三）新党员教育培训。主要通过集中学习、党课教育、主题活动等方式，对新党员在入党一年内进行专项培训。特别加强实践教育，如：党员蹲点团支部、党员担任主要学生干部职务、党员督察队、党员结对帮扶、志愿服务等多种形式的主题实践活动，促进理论与实践相结合，磨练意志品质，提高党性修养。

（四）预备党员转正前公示。在党支部大会讨论决定预备党员转正前，将拟转正预备党员的相关信息在适当范围内向党内外群众公示，征求意见。公示的方式可采取学校公开栏、院（系）公开栏、学生宿舍楼公开栏、院（系）网站等进行，时间不少于5个工作日。

（五）预备党员转正。在预备党员转正的大会上，到会的有表决权的正式党员以无记名投票的方式进行表决，确定转正结果。对票数的要求同发展预备党员票决。

（六）党委及时审批。党委对党支部上报的预备党员转正的决议，应当在三个月内完成审批。审批结果应当及时通知党支部。党支部书记应当同本人谈话，并将审批结果在党员大会上宣布。党委会审批要逐个审议和表决。

（七）正常退出制度。预备党员在预备期内，若不思进取，导致各方面都有所退步等，党支部应延长其预备期；如不履行党员义务，不具备党员条件的，甚至受到违纪处分等情况的，应当取消其预备党员资格。若党员长时间不履行党员义务，不符合党员条件，经教育仍无转变的，应劝其退党，如劝而不退，支部应将其除名；党员如果没有正当理由，连续六个月不参加党的组织生活，或不交纳党费，或不做党所分配的工作，就被认为是自行脱党。

（八）党员材料归档。学生入党各环节材料均由党支部指定专人负责保管。预备党员转正后，党支部应当及时将其《中国共产党入党志愿书》、入党申请书、政治审查材料、转正申请书和培养教育考察材料，交党委存入学生本人档案。学生入党各环节所有材料均应在毕业时转出。

三、相关会议记录格式

(一)支委会确定入党积极分子记录格式

时　间:××××年××月××日　　　　　　地　点:×××

主持人:×××(党支部书记)

记录人:×××

出　席:×××(支部委员)

缺　席:×××(缺席原因,如学习、出差、生病、无故)

会议主题:确定入党积极分子

会议记录:

党支部书记(×××):我支部现有×位入党申请人,已被党员推荐或群团组织推优,拟确定为入党积极分子,分别是:×××、×××、×××等。今天召开支委会,目的就是研究确定他们为入党积极分子,请各位根据这些入党申请人的表现,发表意见:

支部委员(×××):……………………(谈对这些入党申请人的政治、思想、工作、学习等方面表现情况以及本人意见),我同意把×××、×××、×××等确定为入党积极分子。

支部委员(×××):……………………,我同意把×××、×××、×××等确定为入党积极分子。

(每位与会支委都要发表意见)

党支部书记(×××):综合大家的意见,一致认为×××、×××、×××等表现突出,同意确定为入党积极分子。同时,考虑到×××和×××(必须是两名正式党员)与×××为同一单位(年级、专业、班级)等原因,经研究,指定×××和×××(必须是两名正式党员)为×××的培养联系人;×××和×××为×××的培养联系人,会后报送上级党委备案。

(二)支委会确定发展对象记录格式

时　间:××××年××月××日　　　　　　地　点:×××

主持人:×××(党支部书记)

记录人:×××

出　席:×××(支部委员)

列　席:×××(负责考察入党积极分子的非支委的正式党员)

缺　席:×××(缺席原因,如学习、出差、生病、无故)

会议主题:确定发展对象

党支部书记(×××):我支部对入党积极分子×××、×××培养教育和考察已满一年,基本具备党员条件。今天,召开支委会,听取党小组、培养联系人、党员和群众的意见的基础上,确定发展对象。

首先听取×××所在党小组的意见,请党小组长(×××)介绍一下培养考察情况。

党小组长(×××):……(谈对×××同志一段时间来在政治、思想、工作、学习等方面的表现情况)。

(没有党小组的此环节省略)

下面请负责培养这几位同志的联系人谈谈一年来对他们的培养考察情况,包括前期召开座谈会,征求党员和群众意见的情况。首先请×××、×××同志谈对×××同志的考察情况。

培养联系人(×××):…………(谈对×××同志一段时间来在政治、思想、工作、学习等方面的表现情况)。

培养联系人(×××):…………。

支部委员(×××):………………。

(其他人员也可充分发表意见)

党支部书记(×××):接下来大家谈谈对×××(另外一名)同志的考察情况。

(记录与前者相同)

党支部书记(×××):现在请列席的同志退场,支委会成员留下来继续开会。刚才,各位都听取了对入党积极分子×××、×××等的考察情况,我们现在要确定×××、×××等为发展对象,请大家充分讨论酝酿,…………………………。综合每一位入党积极分子的考察情况,×××、×××表现突出,我建议把×××、×××同志列为发展对象,大家有没有意见。

如没有意见,现在进行表决,表决方式可以为举手表决或无记名投票表决。如以举手表决为例:同意×××同志列为发展对象的请举手,放下;不同意的请举手,无(×人);弃权的请举手,无(×人),一致通过(同意的超过半数,通过)。

(需对每一位推荐对象进行逐一表决)

会议决议:经支委会研究通过,同意把×××、×××同志列为发展对象,上报上级党委备案。

(三)支部大会接收预备党员记录格式

时　间:××××年××月××日　　　　　　地　点:×××

主持人:×××(党支部书记)

记录人:×××

出　席:支部全体党员(姓名×××……)

列　席:如入党积极分子(姓名×××……)

缺　席:×××(缺席原因,如学习、出差、生病、无故等)

会议主题:接收中共预备党员

党支部书记(×××):今天召开支部党员大会,主要是讨论接收预备党员,今天到会的有表决权的正式党员×人,超过应到会的有表决权的正式党员的半数,会议有效。

现在讨论×××同志的入党申请,下面先请该同志汇报自己的情况并宣读入党志愿。

(×××宣读入党志愿书)

党支部书记(×××):接下来请介绍人×××、×××介绍情况

第一介绍人(×××):……

第二介绍人(×××):……

党支部书记(×××):下面我代表支委会向支部大会报告对×××同志审查综合情况(含综合政审情况)。接下来请与会党员充分讨论发表意见。

×××(姓名):……(优点和不足),……(对其入党表态)。

×××(姓名):……(优点和不足),……(对其入党表态)。

……………………

(与会人员要对申请人进行深入讨论,充分发表意见。可以指出申请人的优点、缺点,提出希望及努力方向等)

×××(申请人):对大会的讨论情况表明自己的态度。如:刚刚大家对我提出很多很好的意见建议,在此,向大家表示感谢。若今天能批准我入党,我将……,若今天组织未批准我入党,我今后将……。(表态后随即回避)

党支部书记(×××):大家还有没有意见,若没有,现在进行无记名投票表决。

表决结果:我支部现有表决权的正式党员×名,今天应到有表决权的正式党员×人,实到×人,经无记名投票表决,×人同意,×人反对,×人弃权,同意(反对)该同志加入中国共产党。

党支部书记(×××):接下来讨论×××同志的入党申请。

(程序同第一个,讨论两个以上申请人入党时要逐一讨论,逐一表决,详细记录,不能简化)

党支部书记(×××):今天会议,我们接收了×位新党员,请×××同志(组织委员)

将材料整理后按程序及时上报上级党组织。

（四）支委会研究预备党员转正会议记录格式

时　间：××××年××月××日　　　　　　地　点：×××

主持人：×××（党支部书记）

记录人：×××

出　席：×××（支委委员）

缺　席：×××（缺席原因，如学习、出差、生病、无故等）

会议主题：讨论预备党员转正

党支部书记（×××）：我支部有预备党员×××、×××预备期已满，现他们本人已提交转正申请，今天召开支委会，研究他们是否能按期转正。先讨论×××同志，请大家发言。

支部委员（×××）：…………，我同意他按期转正。

支部委员（×××）：…………，我同意他按期转正。

（每位支委都要发言，谈其预备期间的表现以及个人的意见等）

党支部书记（×××）：接下来讨论×××同志，请大家充分发表意见。

支部委员（×××）：…………，我同意他按期转正。

支部委员（×××）：…………，我同意他按期转正。

决议：经支委研究同意把×××、×××同志的转正申请提交支部党员大会讨论通过。

（五）预备党员转正支部大会记录格式

时　间：××××年××月××日　　　　　　地　点：×××

主持人：×××（党支部书记）

记录人：×××

出　席：支部全体党员（姓名）

列　席：×××（职务）……

缺　席：×××（缺席原因，如学习、出差、生病、无故等）

会议主题：研究预备党员转正

党支部书记（×××）：我支部预备党员×××、×××预备期已满，现他们提交转正申请，经支委会研究同意提交党员大会讨论他们的转正申请。首先讨论×××同志的转正申请。

×××(转正对象):宣读转正申请书。

党支部书记(×××):请入党介绍人介绍×××同志预备期间的考察情况。

第一介绍人(×××):……,我同意他按期转正。

第二介绍人(×××):……,我同意他按期转正。

党支部书记(×××):接下来请大家谈谈对他在预备期间的表现和意见。

×××(姓名):……(优点与不足),(对其按期转正表态)。

………………

(记录每位与会者的发言)

党支部书记(×××):大家还有没有意见,若没有,我们现在进行无记名投票表决。

表决结果:我支部现有表决权的正式党员×名,今天应到有表决权的正式党员×人,实到×人,经无记名投票表决,×人同意,×人反对,×人弃权,同意(反对)该同志按期转正。

(预备党员表态)

党支部书记(×××):接下来讨论×××同志的转正申请。

(程序同第一个,讨论两个以上预备党员转正时要逐一讨论,逐一表决,详细记录,不能简化)

附　　录

中国共产党章程

（中国共产党第十九次全国代表大会部分修改，
2017年10月24日通过）

总　　纲

中国共产党是中国工人阶级的先锋队，同时是中国人民和中华民族的先锋队，是中国特色社会主义事业的领导核心，代表中国先进生产力的发展要求，代表中国先进文化的前进方向，代表中国最广大人民的根本利益。党的最高理想和最终目标是实现共产主义。

中国共产党以马克思列宁主义、毛泽东思想、邓小平理论、“三个代表”重要思想、科学发展观、习近平新时代中国特色社会主义思想作为自己的行动指南。

马克思列宁主义揭示了人类社会历史发展的规律，它的基本原理是正确的，具有强大的生命力。中国共产党人追求的共产主义最高理想，只有在社会主义社会充分发展和高度发达的基础上才能实现。社会主义制度的发展和完善是一个长期的历史过程。坚持马克思列宁主义的基本原理，走中国人民自愿选择的适合中国国情的道路，中国的社会主义事业必将取得最终的胜利。

以毛泽东同志为主要代表的中国共产党人，把马克思列宁主义的基本原理同中国革命的具体实践结合起来，创立了毛泽东思想。毛泽东思想是马克思列宁主义在中国的运用和发展，是被实践证明了的关于中国革命和建设的正确的理论原则和经验总结，是中国共产党集体智慧的结晶。在毛泽东思想指引下，中国共产党领导全国各族人民，经过长期的反对帝国主义、封建主义、官僚资本主义的革命斗争，取得了新民主主义革命的胜利，建立了人民民主专政的中华人民共和国；新中国成立以后，顺利地进行了社会主义改造，完成了从新民主主义到社会主义的过渡，确立了社会主义基本制度，发展了社会主义的经济、政治和文化。

十一届三中全会以来，以邓小平同志为主要代表的中国共产党人，总结新中国成立以来正反两方面的经验，解放思想，实事求是，实现全党工作中心向经济建设的转移，实行改革开放，开辟了社会主义事业发展的新时期，逐步形成了建设中国特色社会主义的路线、方针、政策，阐明了在中国建设社会主义、巩固和发展社会主义的基本问题,创立了邓小平理论。邓小平理论是马克思列宁主义的基本原理同当代中国实践和时代特征相结合的产物,是毛泽东思想在新的历史条件下的继承和发展,是马克思主义在中国发展的新阶段,是当代中国的马克思主义,是中国共产党集体智慧的结晶,引导着我国社会主义现代化事业不断前进。

十三届四中全会以来,以江泽民同志为主要代表的中国共产党人,在建设中国特色社会主义的实践中,加深了对什么是社会主义、怎样建设社会主义和建设什么样的党、怎样建设党的认识,积累了治党治国新的宝贵经验,形成了“三个代表”重要思想。“三个代表”重要思想是对马克思列宁主义、毛泽东思想、邓小平理论的继承和发展,反映了当代世界和中国的发展变化对党和国家工作的新要求,是加强和改进党的建设、推进我国社会主义自我完善和发展的强大理论武器,是中国共产党集体智慧的结晶,是党必须长期坚持的指导思想。始终做到“三个代表”,是我们党的立党之本、执政之基、力量之源。

十六大以来,以胡锦涛同志为主要代表的中国共产党人,坚持以邓小平理论和“三个代表”重要思想为指导,根据新的发展要求,深刻认识和回答了新形势下实现什么样的发展、怎样发展等重大问题,形成了以人为本、全面协调可持续发展的科学发展观。科学发展观是同马克思列宁主义、毛泽东思想、邓小平理论、“三个代表”重要思想既一脉相承又与时俱进的科学理论,是马克思主义关于发展的世界观和方法论的集中体现,是马克思主义中国化重大成果,是中国共产党集体智慧的结晶,是发展中国特色社会主义必须长期坚持的指导思想。

十八大以来,以习近平同志为主要代表的中国共产党人,顺应时代发展,从理论和实践结合上系统回答了新时代坚持和发展什么样的中国特色社会主义、怎样坚持和发展中国特色社会主义这个重大时代课题,创立了习近平新时代中国特色社会主义思想。习近平新时代中国特色社会主义思想是对马克思列宁主义、毛泽东思想、邓小平理论、“三个代表”重要思想、科学发展观的继承和发展,是马克思主义中国化最新成果,是党和人民实践经验和集体智慧的结晶,是中国特色社会主义理论体系的重要组成部分,是全党全国人民为实现中华民族伟大复兴而奋斗的行动指南,必须长期坚持并不断发展。在习近平新时代中国特色社会主义思想指导下,中国共产党领导全国各族人民,统揽伟大斗争、伟大工程、伟大事业、伟大梦想,推动中国特色社会主义进入了新时代。

改革开放以来我们取得一切成绩和进步的根本原因,归结起来就是:开辟了中国特色社会主义道路,形成了中国特色社会主义理论体系,确立了中国特色社会主义制度,发展了中国特色社会主义文化。全党同志要倍加珍惜、长期坚持和不断发展党历经艰辛开创的这条道路、这个理论体系、这个制度、这个文化,高举中国特色社会主义伟大旗帜,坚定道路自信、理论自信、制度自信、文化自信,贯彻党的基本理论、基本路线、基本方略,为实现推进现代化建设、完成祖国统一、维护世界和平与促进共同发展这三大历史任务,实现“两个一百年”奋斗目标、实现中华民族伟大复兴的中国梦而奋斗。

我国正处于并将长期处于社会主义初级阶段。这是在原本经济文化落后的中国建设社会主义现代化不可逾越的历史阶段,需要上百年的时间。我国的社会主义建设,必须从我国的国情出发,走中国特色社会主义道路。在现阶段,我国社会的主要矛盾是人民日益增长的美好生活需要和不平衡不充分的发展之间的矛盾。由于国内的因素和国际的影响,阶级斗争还在一定范围内长期存在,在某种条件下还有可能激化,但已经不是主要矛盾。我国社会主义建设的根本任务,是进一步解放生产力,发展生产力,逐步实现社会主义现代化,并且为此而改革生产关系和上层建筑中不适应生产力发展的方面和环节。必须坚持和完善公有制为主体、多种所有制经济共同发展的基本经济制度,坚持和完善按劳分配为主体、多种分配方式并存的分配制度,鼓励一部分地区和一部分人先富起来,逐步消灭贫穷,达到共同富裕,在生产发展和社会财富增长的基础上不断满足人民日益增长的美好生活需要,促进人的全面发展。发展是我们党执政兴国的第一要务。必须坚持以人民为中心的发展思想,坚持创新、协调、绿色、开放、共享的发展理念。各项工作都要把有利于发展社会主义社会的生产力,有利于增强社会主义国家的综合国力,有利于提高人民的生活水平,作为总的出发点和检验标准,尊重劳动、尊重知识、尊重人才、尊重创造,做到发展为了人民、发展依靠人民、发展成果由人民共享。跨入新世纪,我国进入全面建设小康社会、加快推进社会主义现代化的新的发展阶段。必须按照中国特色社会主义事业“五位一体”总体布局和“四个全面”战略布局,统筹推进经济建设、政治建设、文化建设、社会建设、生态文明建设,协调推进全面建成小康社会、全面深化改革、全面依法治国、全面从严治党。在新世纪新时代,经济和社会发展的战略目标是,到建党一百年时,全面建成小康社会;到新中国成立一百年时,全面建成社会主义现代化强国。

中国共产党在社会主义初级阶段的基本路线是:领导和团结全国各族人民,以经济建设为中心,坚持四项基本原则,坚持改革开放,自力更生,艰苦创业,为把我国建设成为富强民主文明和谐美丽的社会主义现代化强国而奋斗。

中国共产党在领导社会主义事业中,必须坚持以经济建设为中心,其他各项工作都服从和服务于这个中心。要实施科教兴国战略、人才强国战略、创新驱动发展战略、乡村振兴战略、区域协调发展战略、可持续发展战略、军民融合发展战略，充分发挥科学技术作为第一生产力的作用，充分发挥创新作为引领发展第一动力的作用，依靠科技进步，提高劳动者素质，促进国民经济更高质量、更有效率、更加公平、更可持续发展。

坚持社会主义道路、坚持人民民主专政、坚持中国共产党的领导、坚持马克思列宁主义毛泽东思想这四项基本原则，是我们的立国之本。在社会主义现代化建设的整个过程中，必须坚持四项基本原则，反对资产阶级自由化。

坚持改革开放，是我们的强国之路。只有改革开放，才能发展中国、发展社会主义、发展马克思主义。要全面深化改革，完善和发展中国特色社会主义制度，推进国家治理体系和治理能力现代化。要从根本上改革束缚生产力发展的经济体制，坚持和完善社会主义市场经济体制；与此相适应，要进行政治体制改革和其他领域的改革。要坚持对外开放的基本国策，吸收和借鉴人类社会创造的一切文明成果。改革开放应当大胆探索，勇于开拓，提高改革决策的科学性，更加注重改革的系统性、整体性、协同性，在实践中开创新路。

中国共产党领导人民发展社会主义市场经济。毫不动摇地巩固和发展公有制经济，毫不动摇地鼓励、支持、引导非公有制经济发展。发挥市场在资源配置中的决定性作用，更好发挥政府作用，建立完善的宏观调控体系。统筹城乡发展、区域发展、经济社会发展、人与自然和谐发展、国内发展和对外开放，调整经济结构，转变经济发展方式，推进供给侧结构性改革。促进新型工业化、信息化、城镇化、农业现代化同步发展，建设社会主义新农村，走中国特色新型工业化道路，建设创新型国家和世界科技强国。

中国共产党领导人民发展社会主义民主政治。坚持党的领导、人民当家作主、依法治国有机统一，走中国特色社会主义政治发展道路，扩大社会主义民主，建设中国特色社会主义法治体系，建设社会主义法治国家，巩固人民民主专政，建设社会主义政治文明。坚持和完善人民代表大会制度、中国共产党领导的多党合作和政治协商制度、民族区域自治制度以及基层群众自治制度。发展更加广泛、更加充分、更加健全的人民民主，推进协商民主广泛、多层、制度化发展，切实保障人民管理国家事务和社会事务、管理经济和文化事业的权利。尊重和保障人权。广开言路，建立健全民主选举、民主决策、民主管理、民主监督的制度和程序。完善中国特色社会主义法律体系，加强法律实施工作，实现国家各项工作法治化。

中国共产党领导人民发展社会主义先进文化。建设社会主义精神文明，实行依法治国和以德治国相结合，提高全民族的思想道德素质和科学文化素质，为改革开放和社会主义现代化建设提供强大的思想保证、精神动力和智力支持，建设社会主义文化强国。加强社会主义核心价值体系建设，坚持马克思主义指导思想，树立中国特色社会主义共同理想，弘扬以爱国主义为核心的民族精神和以改革创新为核心的时代精神，培育和践行社会主义核心价值观，倡导社会主义荣辱观，增强民族自尊、自信和自强精神，抵御资本主义和封建主义腐朽思想的侵蚀，扫除各种社会丑恶现象，努力使我国人民成为有理想、有道德、有文化、有纪律的人民。对党员要进行共产主义远大理想教育。大力发展教育、科学、文化事业，推动中华优秀传统文化创造性转化、创新性发展，继承革命文化，发展社会主义先进文化，提高国家文化软实力。牢牢掌握意识形态工作领导权，不断巩固马克思主义在意识形态领域的指导地位，巩固全党全国人民团结奋斗的共同思想基础。

中国共产党领导人民构建社会主义和谐社会。按照民主法治、公平正义、诚信友爱、充满活力、安定有序、人与自然和谐相处的总要求和共同建设、共同享有的原则，以保障和改善民生为重点，解决好人民最关心、最直接、最现实的利益问题，使发展成果更多更公平惠及全体人民，不断增强人民群众获得感，努力形成全体人民各尽其能、各得其所而又和谐相处的局面。加强和创新社会治理。严格区分和正确处理敌我矛盾和人民内部矛盾这两类不同性质的矛盾。加强社会治安综合治理，依法坚决打击各种危害国家安全和利益、危害社会稳定和经济发展的犯罪活动和犯罪分子，保持社会长期稳定。坚持总体国家安全观，坚决维护国家主权、安全、发展利益。

中国共产党领导人民建设社会主义生态文明。树立尊重自然、顺应自然、保护自然的生态文明理念，增强绿水青山就是金山银山的意识，坚持节约资源和保护环境的基本国策，坚持节约优先、保护优先、自然恢复为主的方针，坚持生产发展、生活富裕、生态良好的文明发展道路。着力建设资源节约型、环境友好型社会，实行最严格的生态环境保护制度，形成节约资源和保护环境的空间格局、产业结构、生产方式、生活方式，为人民创造良好生产生活环境，实现中华民族永续发展。

中国共产党坚持对人民解放军和其他人民武装力量的绝对领导，贯彻习近平强军思想，加强人民解放军的建设，坚持政治建军、改革强军、科技兴军、依法治军，建设一支听党指挥、能打胜仗、作风优良的人民军队，切实保证人民解放军有效履行新时代军队使命任务，充分发挥人民解放军在巩固国防、保卫祖国和参加社会主义现代化建设中的作用。

中国共产党维护和发展平等团结互助和谐的社会主义民族关系，积极培养、选拔少数民族干部，帮助少数民族和民族地区发展经济、文化和社会事业，铸牢中华民族共同体意识,实现各民族共同团结奋斗、共同繁荣发展。全面贯彻党的宗教工作基本方针,团结信教群众为经济社会发展作贡献。

中国共产党同全国各民族工人、农民、知识分子团结在一起,同各民主党派、无党派人士、各民族的爱国力量团结在一起,进一步发展和壮大由全体社会主义劳动者、社会主义事业的建设者、拥护社会主义的爱国者、拥护祖国统一和致力于中华民族伟大复兴的爱国者组成的最广泛的爱国统一战线。不断加强全国人民包括香港特别行政区同胞、澳门特别行政区同胞、台湾同胞和海外侨胞的团结。按照"一个国家、两种制度"的方针,促进香港、澳门长期繁荣稳定,完成祖国统一大业。

中国共产党坚持独立自主的和平外交政策,坚持和平发展道路,坚持互利共赢的开放战略,统筹国内国际两个大局,积极发展对外关系,努力为我国的改革开放和现代化建设争取有利的国际环境。在国际事务中,坚持正确义利观,维护我国的独立和主权,反对霸权主义和强权政治,维护世界和平,促进人类进步,推动构建人类命运共同体,推动建设持久和平、共同繁荣的和谐世界。在互相尊重主权和领土完整、互不侵犯、互不干涉内政、平等互利、和平共处五项原则的基础上,发展我国同世界各国的关系。不断发展我国同周边国家的睦邻友好关系,加强同发展中国家的团结与合作。遵循共商共建共享原则,推进"一带一路"建设。按照独立自主、完全平等、互相尊重、互不干涉内部事务的原则,发展我党同各国共产党和其他政党的关系。

中国共产党要领导全国各族人民实现"两个一百年"奋斗目标、实现中华民族伟大复兴的中国梦,必须紧密围绕党的基本路线,坚持党要管党、全面从严治党,加强党的长期执政能力建设、先进性和纯洁性建设,以改革创新精神全面推进党的建设新的伟大工程,以党的政治建设为统领,全面推进党的政治建设、思想建设、组织建设、作风建设、纪律建设,把制度建设贯穿其中,深入推进反腐败斗争,全面提高党的建设科学化水平。坚持立党为公、执政为民,发扬党的优良传统和作风,不断提高党的领导水平和执政水平,提高拒腐防变和抵御风险的能力,不断增强自我净化、自我完善、自我革新、自我提高能力,不断增强党的阶级基础和扩大党的群众基础,不断提高党的创造力、凝聚力、战斗力,建设学习型、服务型、创新型的马克思主义执政党,使我们党始终走在时代前列,成为领导全国人民沿着中国特色社会主义道路不断前进的坚强核心。党的建设必须坚决实现以下五项基本要求:

第一,坚持党的基本路线。全党要用邓小平理论、"三个代表"重要思想、科学发展观、习近平新时代中国特色社会主义思想和党的基本路线统一思想,统一行动,并且毫不动摇地长期坚持下去。必须把改革开放同四项基本原则统一起来,全面落实党的基本路线，反对一切“左”的和右的错误倾向，要警惕右，但主要是防止“左”。加强各级领导班子建设，培养选拔党和人民需要的好干部，培养和造就千百万社会主义事业接班人，从组织上保证党的基本理论、基本路线、基本方略的贯彻落实。

第二，坚持解放思想，实事求是，与时俱进，求真务实。党的思想路线是一切从实际出发，理论联系实际，实事求是，在实践中检验真理和发展真理。全党必须坚持这条思想路线，积极探索，大胆试验，开拓创新，创造性地开展工作，不断研究新情况，总结新经验，解决新问题，在实践中丰富和发展马克思主义，推进马克思主义中国化。

第三，坚持全心全意为人民服务。党除了工人阶级和最广大人民群众的利益，没有自己特殊的利益。党在任何时候都把群众利益放在第一位，同群众同甘共苦，保持最密切的联系，坚持权为民所用、情为民所系、利为民所谋，不允许任何党员脱离群众，凌驾于群众之上。我们党的最大政治优势是密切联系群众，党执政后的最大危险是脱离群众。党风问题、党同人民群众联系问题是关系党生死存亡的问题。党在自己的工作中实行群众路线，一切为了群众，一切依靠群众，从群众中来，到群众中去，把党的正确主张变为群众的自觉行动。

第四，坚持民主集中制。民主集中制是民主基础上的集中和集中指导下的民主相结合。它既是党的根本组织原则，也是群众路线在党的生活中的运用。必须充分发扬党内民主，尊重党员主体地位，保障党员民主权利，发挥各级党组织和广大党员的积极性创造性。必须实行正确的集中，牢固树立政治意识、大局意识、核心意识、看齐意识，坚定维护以习近平同志为核心的党中央权威和集中统一领导，保证全党的团结统一和行动一致，保证党的决定得到迅速有效的贯彻执行。加强和规范党内政治生活，增强党内政治生活的政治性、时代性、原则性、战斗性，发展积极健康的党内政治文化，营造风清气正的良好政治生态。党在自己的政治生活中正确地开展批评和自我批评，在原则问题上进行思想斗争，坚持真理，修正错误。努力造成又有集中又有民主，又有纪律又有自由，又有统一意志又有个人心情舒畅生动活泼的政治局面。

第五，坚持从严管党治党。全面从严治党永远在路上。新形势下，党面临的执政考验、改革开放考验、市场经济考验、外部环境考验是长期的、复杂的、严峻的，精神懈怠危险、能力不足危险、脱离群众危险、消极腐败危险更加尖锐地摆在全党面前。要把严的标准、严的措施贯穿于管党治党全过程和各方面。坚持依规治党、标本兼治，坚持把纪律挺在前面，加强组织性纪律性，在党的纪律面前人人平等。强化管党治党主体责任和监督责任,加强对党的领导机关和党员领导干部特别是主要领导干部的监督,不断完善党内监督体系。深入推进党风廉政建设和反腐败斗争,以零容忍态度惩治腐败,构建不敢腐、不能腐、不想腐的有效机制。

中国共产党的领导是中国特色社会主义最本质的特征,是中国特色社会主义制度的最大优势。党政军民学,东西南北中,党是领导一切的。党要适应改革开放和社会主义现代化建设的要求,坚持科学执政、民主执政、依法执政,加强和改善党的领导。党必须按照总揽全局、协调各方的原则,在同级各种组织中发挥领导核心作用。党必须集中精力领导经济建设,组织、协调各方面的力量,同心协力,围绕经济建设开展工作,促进经济社会全面发展。党必须实行民主的科学的决策,制定和执行正确的路线、方针、政策,做好党的组织工作和宣传教育工作,发挥全体党员的先锋模范作用。党必须在宪法和法律的范围内活动。党必须保证国家的立法、司法、行政、监察机关,经济、文化组织和人民团体积极主动地、独立负责地、协调一致地工作。党必须加强对工会、共产主义青年团、妇女联合会等群团组织的领导,使它们保持和增强政治性、先进性、群众性,充分发挥作用。党必须适应形势的发展和情况的变化,完善领导体制,改进领导方式,增强执政能力。共产党员必须同党外群众亲密合作,共同为建设中国特色社会主义而奋斗。

第一章　党　　员

第一条　年满十八岁的中国工人、农民、军人、知识分子和其他社会阶层的先进分子,承认党的纲领和章程,愿意参加党的一个组织并在其中积极工作、执行党的决议和按期交纳党费的,可以申请加入中国共产党。

第二条　中国共产党党员是中国工人阶级的有共产主义觉悟的先锋战士。

中国共产党党员必须全心全意为人民服务,不惜牺牲个人的一切,为实现共产主义奋斗终身。

中国共产党党员永远是劳动人民的普通一员。除了法律和政策规定范围内的个人利益和工作职权以外,所有共产党员都不得谋求任何私利和特权。

第三条　党员必须履行下列义务:

(一)认真学习马克思列宁主义、毛泽东思想、邓小平理论、“三个代表”重要思想、科学发展观、习近平新时代中国特色社会主义思想,学习党的路线、方针、政策和决议,学习党的基本知识,学习科学、文化、法律和业务知识,努力提高为人民服务的本领。

(二)贯彻执行党的基本路线和各项方针、政策,带头参加改革开放和社会主义现代化建设，带动群众为经济发展和社会进步艰苦奋斗，在生产、工作、学习和社会生活中起先锋模范作用。

（三）坚持党和人民的利益高于一切，个人利益服从党和人民的利益，吃苦在前，享受在后，克己奉公，多做贡献。

（四）自觉遵守党的纪律，首先是党的政治纪律和政治规矩，模范遵守国家的法律法规，严格保守党和国家的秘密，执行党的决定，服从组织分配，积极完成党的任务。

（五）维护党的团结和统一，对党忠诚老实，言行一致，坚决反对一切派别组织和小集团活动，反对阳奉阴违的两面派行为和一切阴谋诡计。

（六）切实开展批评和自我批评，勇于揭露和纠正违反党的原则的言行和工作中的缺点、错误，坚决同消极腐败现象作斗争。

（七）密切联系群众，向群众宣传党的主张，遇事同群众商量，及时向党反映群众的意见和要求，维护群众的正当利益。

（八）发扬社会主义新风尚，带头实践社会主义核心价值观和社会主义荣辱观，提倡共产主义道德，弘扬中华民族传统美德，为了保护国家和人民的利益，在一切困难和危险的时刻挺身而出，英勇斗争，不怕牺牲。

第四条　党员享有下列权利：

（一）参加党的有关会议，阅读党的有关文件，接受党的教育和培训。

（二）在党的会议上和党报党刊上，参加关于党的政策问题的讨论。

（三）对党的工作提出建议和倡议。

（四）在党的会议上有根据地批评党的任何组织和任何党员，向党负责地揭发、检举党的任何组织和任何党员违法乱纪的事实，要求处分违法乱纪的党员，要求罢免或撤换不称职的干部。

（五）行使表决权、选举权，有被选举权。

（六）在党组织讨论决定对党员的党纪处分或作出鉴定时，本人有权参加和进行申辩，其他党员可以为他作证和辩护。

（七）对党的决议和政策如有不同意见，在坚决执行的前提下，可以声明保留，并且可以把自己的意见向党的上级组织直至中央提出。

（八）向党的上级组织直至中央提出请求、申诉和控告，并要求有关组织给以负责的答复。

党的任何一级组织直至中央都无权剥夺党员的上述权利。

第五条　发展党员，必须把政治标准放在首位，经过党的支部，坚持个别吸收的原则。

申请入党的人,要填写入党志愿书,要有两名正式党员作介绍人,要经过支部大会通过和上级党组织批准,并且经过预备期的考察,才能成为正式党员。

介绍人要认真了解申请人的思想、品质、经历和工作表现,向他解释党的纲领和党的章程,说明党员的条件、义务和权利,并向党组织作出负责的报告。

党的支部委员会对申请入党的人,要注意征求党内外有关群众的意见,进行严格的审查,认为合格后再提交支部大会讨论。

上级党组织在批准申请人入党以前,要派人同他谈话,作进一步的了解,并帮助他提高对党的认识。

在特殊情况下,党的中央和省、自治区、直辖市委员会可以直接接收党员。

第六条 预备党员必须面向党旗进行入党宣誓。誓词如下:我志愿加入中国共产党,拥护党的纲领,遵守党的章程,履行党员义务,执行党的决定,严守党的纪律,保守党的秘密,对党忠诚,积极工作,为共产主义奋斗终身,随时准备为党和人民牺牲一切,永不叛党。

第七条 预备党员的预备期为一年。党组织对预备党员应当认真教育和考察。

预备党员的义务同正式党员一样。预备党员的权利,除了没有表决权、选举权和被选举权以外,也同正式党员一样。

预备党员预备期满,党的支部应当及时讨论他能否转为正式党员。认真履行党员义务,具备党员条件的,应当按期转为正式党员;需要继续考察和教育的,可以延长预备期,但不能超过一年;不履行党员义务,不具备党员条件的,应当取消预备党员资格。预备党员转为正式党员,或延长预备期,或取消预备党员资格,都应当经支部大会讨论通过和上级党组织批准。

预备党员的预备期,从支部大会通过他为预备党员之日算起。党员的党龄,从预备期满转为正式党员之日算起。

第八条 每个党员,不论职务高低,都必须编入党的一个支部、小组或其他特定组织,参加党的组织生活,接受党内外群众的监督。党员领导干部还必须参加党委、党组的民主生活会。不允许有任何不参加党的组织生活、不接受党内外群众监督的特殊党员。

第九条 党员有退党的自由。党员要求退党,应当经支部大会讨论后宣布除名,并报上级党组织备案。

党员缺乏革命意志,不履行党员义务,不符合党员条件,党的支部应当对他进行教育,要求他限期改正;经教育仍无转变的,应当劝他退党。劝党员退党,应当经支部大会讨论决定,并报上级党组织批准。如被劝告退党的党员坚持不退,应当提交支部大会讨论,决定把他除名,并报上级党组织批准。

党员如果没有正当理由,连续六个月不参加党的组织生活,或不交纳党费,或不做党所分配的工作,就被认为是自行脱党。支部大会应当决定把这样的党员除名,并报上级党组织批准。

第二章　党的组织制度

第十条　党是根据自己的纲领和章程,按照民主集中制组织起来的统一整体。党的民主集中制的基本原则是:

(一)党员个人服从党的组织,少数服从多数,下级组织服从上级组织,全党各个组织和全体党员服从党的全国代表大会和中央委员会。

(二)党的各级领导机关,除它们派出的代表机关和在非党组织中的党组外,都由选举产生。

(三)党的最高领导机关,是党的全国代表大会和它所产生的中央委员会。党的地方各级领导机关,是党的地方各级代表大会和它们所产生的委员会。党的各级委员会向同级的代表大会负责并报告工作。

(四)党的上级组织要经常听取下级组织和党员群众的意见,及时解决他们提出的问题。党的下级组织既要向上级组织请示和报告工作,又要独立负责地解决自己职责范围内的问题。上下级组织之间要互通情报、互相支持和互相监督。党的各级组织要按规定实行党务公开,使党员对党内事务有更多的了解和参与。

(五)党的各级委员会实行集体领导和个人分工负责相结合的制度。凡属重大问题都要按照集体领导、民主集中、个别酝酿、会议决定的原则,由党的委员会集体讨论,作出决定;委员会成员要根据集体的决定和分工,切实履行自己的职责。

(六)党禁止任何形式的个人崇拜。要保证党的领导人的活动处于党和人民的监督之下,同时维护一切代表党和人民利益的领导人的威信。

第十一条　党的各级代表大会的代表和委员会的产生,要体现选举人的意志。选举采用无记名投票的方式。候选人名单要由党组织和选举人充分酝酿讨论。可以直接采用候选人数多于应选人数的差额选举办法进行正式选举。也可以先采用差额选举办法进行预选,产生候选人名单,然后进行正式选举。选举人有了解候选人情况、要求改变候选人、不选任何一个候选人和另选他人的权利。任何组织和个人不得以任何方式强迫选举人选举或不选举某个人。

党的地方各级代表大会和基层代表大会的选举,如果发生违反党章的情况,上一级党的委员会在调查核实后,应作出选举无效和采取相应措施的决定,并报再上一级党的委员会审查批准,正式宣布执行。

党的各级代表大会代表实行任期制。

第十二条 党的中央和地方各级委员会在必要时召集代表会议,讨论和决定需要及时解决的重大问题。代表会议代表的名额和产生办法,由召集代表会议的委员会决定。

第十三条 凡是成立党的新组织,或是撤销党的原有组织,必须由上级党组织决定。

在党的地方各级代表大会和基层代表大会闭会期间,上级党的组织认为有必要时,可以调动或者指派下级党组织的负责人。

党的中央和地方各级委员会可以派出代表机关。

第十四条 党的中央和省、自治区、直辖市委员会实行巡视制度,在一届任期内,对所管理的地方、部门、企事业单位党组织实现巡视全覆盖。

中央有关部委和国家机关部门党组(党委)根据工作需要,开展巡视工作。

党的市(地、州、盟)和县(市、区、旗)委员会建立巡察制度。

第十五条 党的各级领导机关,对同下级组织有关的重要问题作出决定时,在通常情况下,要征求下级组织的意见。要保证下级组织能够正常行使他们的职权。凡属应由下级组织处理的问题,如无特殊情况,上级领导机关不要干预。

第十六条 有关全国性的重大政策问题,只有党中央有权作出决定,各部门、各地方的党组织可以向中央提出建议,但不得擅自作出决定和对外发表主张。

党的下级组织必须坚决执行上级组织的决定。下级组织如果认为上级组织的决定不符合本地区、本部门的实际情况,可以请求改变;如果上级组织坚持原决定,下级组织必须执行,并不得公开发表不同意见,但有权向再上一级组织报告。

党的各级组织的报刊和其他宣传工具,必须宣传党的路线、方针、政策和决议。

第十七条 党组织讨论决定问题,必须执行少数服从多数的原则。决定重要问题,要进行表决。对于少数人的不同意见,应当认真考虑。如对重要问题发生争论,双方人数接近,除了在紧急情况下必须按多数意见执行外,应当暂缓作出决定,进一步调查研究,交换意见,下次再表决;在特殊情况下,也可将争论情况向上级组织报告,请求裁决。

党员个人代表党组织发表重要主张,如果超出党组织已有决定的范围,必须提交所在的党组织讨论决定,或向上级党组织请示。任何党员不论职务高低,都不能个人决定重大问题;如遇紧急情况,必须由个人作出决定时,事后要迅速向党组织报告。不允许任何领导人实行个人专断和把个人凌驾于组织之上。

第十八条 党的中央、地方和基层组织,都必须重视党的建设,经常讨论和检查党的宣传工作、教育工作、组织工作、纪律检查工作、群众工作、统一战线工作等,注意研究党内外的思想政治状况。

第三章 党的中央组织

第十九条 党的全国代表大会每五年举行一次,由中央委员会召集。中央委员会认为有必要,或者有三分之一以上的省一级组织提出要求,全国代表大会可以提前举行;如无非常情况,不得延期举行。

全国代表大会代表的名额和选举办法,由中央委员会决定。

第二十条 党的全国代表大会的职权是:

(一)听取和审查中央委员会的报告;

(二)审查中央纪律检查委员会的报告;

(三)讨论并决定党的重大问题;

(四)修改党的章程;

(五)选举中央委员会;

(六)选举中央纪律检查委员会。

第二十一条 党的全国代表会议的职权是:讨论和决定重大问题;调整和增选中央委员会、中央纪律检查委员会的部分成员。调整和增选中央委员及候补中央委员的数额,不得超过党的全国代表大会选出的中央委员及候补中央委员各自总数的五分之一。

第二十二条 党的中央委员会每届任期五年。全国代表大会如提前或延期举行,它的任期相应地改变。中央委员会委员和候补委员必须有五年以上的党龄。中央委员会委员和候补委员的名额,由全国代表大会决定。中央委员会委员出缺,由中央委员会候补委员按照得票多少依次递补。

中央委员会全体会议由中央政治局召集,每年至少举行一次。中央政治局向中央委员会全体会议报告工作,接受监督。

在全国代表大会闭会期间,中央委员会执行全国代表大会的决议,领导党的全部工作,对外代表中国共产党。

第二十三条 党的中央政治局、中央政治局常务委员会和中央委员会总书记,由中央委员会全体会议选举。中央委员会总书记必须从中央政治局常务委员会委员中产生。

中央政治局和它的常务委员会在中央委员会全体会议闭会期间，行使中央委员会的职权。

中央书记处是中央政治局和它的常务委员会的办事机构；成员由中央政治局常务委员会提名，中央委员会全体会议通过。

中央委员会总书记负责召集中央政治局会议和中央政治局常务委员会会议，并主持中央书记处的工作。

党的中央军事委员会组成人员由中央委员会决定，中央军事委员会实行主席负责制。

每届中央委员会产生的中央领导机构和中央领导人，在下届全国代表大会开会期间，继续主持党的经常工作，直到下届中央委员会产生新的中央领导机构和中央领导人为止。

第二十四条 中国人民解放军的党组织，根据中央委员会的指示进行工作。中央军事委员会负责军队中党的工作和政治工作，对军队中党的组织体制和机构作出规定。

第四章 党的地方组织

第二十五条 党的省、自治区、直辖市的代表大会，设区的市和自治州的代表大会，县(旗)、自治县、不设区的市和市辖区的代表大会，每五年举行一次。

党的地方各级代表大会由同级党的委员会召集。在特殊情况下，经上一级委员会批准，可以提前或延期举行。

党的地方各级代表大会代表的名额和选举办法，由同级党的委员会决定，并报上一级党的委员会批准。

第二十六条 党的地方各级代表大会的职权是：

(一)听取和审查同级委员会的报告；

(二)审查同级纪律检查委员会的报告；

(三)讨论本地区范围内的重大问题并作出决议；

(四)选举同级党的委员会，选举同级党的纪律检查委员会。

第二十七条 党的省、自治区、直辖市、设区的市和自治州的委员会，每届任期五年。这些委员会的委员和候补委员必须有五年以上的党龄。

党的县(旗)、自治县、不设区的市和市辖区的委员会，每届任期五年。这些委员会的委员和候补委员必须有三年以上的党龄。

党的地方各级代表大会如提前或延期举行，由它选举的委员会的任期相应地改变。

党的地方各级委员会的委员和候补委员的名额，分别由上一级委员会决定。党的地方各级委员会委员出缺，由候补委员按照得票多少依次递补。

党的地方各级委员会全体会议，每年至少召开两次。

党的地方各级委员会在代表大会闭会期间，执行上级党组织的指示和同级党代表大会的决议，领导本地方的工作，定期向上级党的委员会报告工作。

第二十八条 党的地方各级委员会全体会议，选举常务委员会和书记、副书记，并报上级党的委员会批准。党的地方各级委员会的常务委员会，在委员会全体会议闭会期间，行使委员会职权；在下届代表大会开会期间，继续主持经常工作，直到新的常务委员会产生为止。

党的地方各级委员会的常务委员会定期向委员会全体会议报告工作，接受监督。

第二十九条 党的地区委员会和相当于地区委员会的组织，是党的省、自治区委员会在几个县、自治县、市范围内派出的代表机关。它根据省、自治区委员会的授权，领导本地区的工作。

第五章 党的基层组织

第三十条 企业、农村、机关、学校、科研院所、街道社区、社会组织、人民解放军连队和其他基层单位，凡是有正式党员三人以上的，都应当成立党的基层组织。

党的基层组织，根据工作需要和党员人数，经上级党组织批准，分别设立党的基层委员会、总支部委员会、支部委员会。基层委员会由党员大会或代表大会选举产生，总支部委员会和支部委员会由党员大会选举产生，提出委员候选人要广泛征求党员和群众的意见。

第三十一条 党的基层委员会、总支部委员会、支部委员会每届任期三年至五年。基层委员会、总支部委员会、支部委员会的书记、副书记选举产生后，应报上级党组织批准。

第三十二条 党的基层组织是党在社会基层组织中的战斗堡垒，是党的全部工作和战斗力的基础。它的基本任务是：

（一）宣传和执行党的路线、方针、政策，宣传和执行党中央、上级组织和本组织的决议，充分发挥党员的先锋模范作用，积极创先争优，团结、组织党内外的干部和群众，努力完成本单位所担负的任务。

(二)组织党员认真学习马克思列宁主义、毛泽东思想、邓小平理论、"三个代表"重要思想、科学发展观、习近平新时代中国特色社会主义思想,推进"两学一做"学习教育常态化制度化,学习党的路线、方针、政策和决议,学习党的基本知识,学习科学、文化、法律和业务知识。

(三)对党员进行教育、管理、监督和服务,提高党员素质,坚定理想信念,增强党性,严格党的组织生活,开展批评和自我批评,维护和执行党的纪律,监督党员切实履行义务,保障党员的权利不受侵犯。加强和改进流动党员管理。

(四)密切联系群众,经常了解群众对党员、党的工作的批评和意见,维护群众的正当权利和利益,做好群众的思想政治工作。

(五)充分发挥党员和群众的积极性创造性,发现、培养和推荐他们中间的优秀人才,鼓励和支持他们在改革开放和社会主义现代化建设中贡献自己的聪明才智。

(六)对要求入党的积极分子进行教育和培养,做好经常性的发展党员工作,重视在生产、工作第一线和青年中发展党员。

(七)监督党员干部和其他任何工作人员严格遵守国家法律法规,严格遵守国家的财政经济法规和人事制度,不得侵占国家、集体和群众的利益。

(八)教育党员和群众自觉抵制不良倾向,坚决同各种违纪违法行为作斗争。

第三十三条 街道、乡、镇党的基层委员会和村、社区党组织,领导本地区的工作和基层社会治理,支持和保证行政组织、经济组织和群众自治组织充分行使职权。

国有企业党委(党组)发挥领导作用,把方向、管大局、保落实,依照规定讨论和决定企业重大事项。国有企业和集体企业中党的基层组织,围绕企业生产经营开展工作。保证监督党和国家的方针、政策在本企业的贯彻执行;支持股东会、董事会、监事会和经理(厂长)依法行使职权;全心全意依靠职工群众,支持职工代表大会开展工作;参与企业重大问题的决策;加强党组织的自身建设,领导思想政治工作、精神文明建设和工会、共青团等群团组织。

非公有制经济组织中党的基层组织,贯彻党的方针政策,引导和监督企业遵守国家的法律法规,领导工会、共青团等群团组织,团结凝聚职工群众,维护各方的合法权益,促进企业健康发展。

社会组织中党的基层组织,宣传和执行党的路线、方针、政策,领导工会、共青团等群团组织,教育管理党员,引领服务群众,推动事业发展。

实行行政领导人负责制的事业单位中党的基层组织,发挥战斗堡垒作用。实行党委领导下的行政领导人负责制的事业单位中党的基层组织，对重大问题进行讨论和作出决定，同时保证行政领导人充分行使自己的职权。

各级党和国家机关中党的基层组织，协助行政负责人完成任务，改进工作，对包括行政负责人在内的每个党员进行教育、管理、监督，不领导本单位的业务工作。

第三十四条　党支部是党的基础组织，担负直接教育党员、管理党员、监督党员和组织群众、宣传群众、凝聚群众、服务群众的职责。

第六章　党 的 干 部

第三十五条　党的干部是党的事业的骨干，是人民的公仆，要做到忠诚干净担当。党按照德才兼备、以德为先的原则选拔干部，坚持五湖四海、任人唯贤，坚持事业为上、公道正派，反对任人唯亲，努力实现干部队伍的革命化、年轻化、知识化、专业化。

党重视教育、培训、选拔、考核和监督干部，特别是培养、选拔优秀年轻干部。积极推进干部制度改革。

党重视培养、选拔女干部和少数民族干部。

第三十六条　党的各级领导干部必须信念坚定、为民服务、勤政务实、敢于担当、清正廉洁，模范地履行本章程第三条所规定的党员的各项义务，并且必须具备以下的基本条件：

（一）具有履行职责所需要的马克思列宁主义、毛泽东思想、邓小平理论、“三个代表”重要思想、科学发展观的水平，带头贯彻落实习近平新时代中国特色社会主义思想，努力用马克思主义的立场、观点、方法分析和解决实际问题，坚持讲学习、讲政治、讲正气，经得起各种风浪的考验。

（二）具有共产主义远大理想和中国特色社会主义坚定信念，坚决执行党的基本路线和各项方针、政策，立志改革开放，献身现代化事业，在社会主义建设中艰苦创业，树立正确政绩观，做出经得起实践、人民、历史检验的实绩。

（三）坚持解放思想，实事求是，与时俱进，开拓创新，认真调查研究，能够把党的方针、政策同本地区、本部门的实际相结合，卓有成效地开展工作，讲实话，办实事，求实效。

（四）有强烈的革命事业心和政治责任感，有实践经验，有胜任领导工作的组织能力、文化水平和专业知识。

（五）正确行使人民赋予的权力，坚持原则，依法办事，清正廉洁，勤政为民，以身作则，艰苦朴素，密切联系群众，坚持党的群众路线，自觉地接受党和群众的批评和监督，加强道德修养，讲党性、重品行、作表率，做到自重、自省、自警、自励，反对形式主义、官僚主义、享乐主义和奢靡之风，反对任何滥用职权、谋求私利的行为。

（六）坚持和维护党的民主集中制，有民主作风，有全局观念，善于团结同志，包括团结同自己有不同意见的同志一道工作。

第三十七条 党员干部要善于同党外干部合作共事，尊重他们，虚心学习他们的长处。

党的各级组织要善于发现和推荐有真才实学的党外干部担任领导工作，保证他们有职有权，充分发挥他们的作用。

第三十八条 党的各级领导干部，无论是由民主选举产生的，或是由领导机关任命的，他们的职务都不是终身的，都可以变动或解除。

年龄和健康状况不适宜于继续担任工作的干部，应当按照国家的规定退、离休。

第七章 党的纪律

第三十九条 党的纪律是党的各级组织和全体党员必须遵守的行为规则，是维护党的团结统一、完成党的任务的保证。党组织必须严格执行和维护党的纪律，共产党员必须自觉接受党的纪律的约束。

第四十条 党的纪律主要包括政治纪律、组织纪律、廉洁纪律、群众纪律、工作纪律、生活纪律。

坚持惩前毖后、治病救人，执纪必严、违纪必究，抓早抓小、防微杜渐，按照错误性质和情节轻重，给以批评教育直至纪律处分。运用监督执纪"四种形态"，让"红红脸、出出汗"成为常态，党纪处分、组织调整成为管党治党的重要手段，严重违纪、严重触犯刑律的党员必须开除党籍。

党内严格禁止用违反党章和国家法律的手段对待党员，严格禁止打击报复和诬告陷害。违反这些规定的组织或个人必须受到党的纪律和国家法律的追究。

第四十一条 对党员的纪律处分有五种：警告、严重警告、撤销党内职务、留党察看、开除党籍。

留党察看最长不超过两年。党员在留党察看期间没有表决权、选举权和被选举权。党员经过留党察看，确已改正错误的，应当恢复其党员的权利；坚持错误不改的，应当开除党籍。

开除党籍是党内的最高处分。各级党组织在决定或批准开除党员党籍的时候，应当全面研究有关的材料和意见，采取十分慎重的态度。

第四十二条 对党员的纪律处分,必须经过支部大会讨论决定,报党的基层委员会批准;如果涉及的问题比较重要或复杂,或给党员以开除党籍的处分,应分别不同情况,报县级或县级以上党的纪律检查委员会审查批准。在特殊情况下,县级和县级以上各级党的委员会和纪律检查委员会有权直接决定给党员以纪律处分。

对党的中央委员会委员、候补委员,给以警告、严重警告处分,由中央纪律检查委员会常务委员会审议后,报党中央批准。对地方各级党的委员会委员、候补委员,给以警告、严重警告处分,应由上一级纪律检查委员会批准,并报它的同级党的委员会备案。

对党的中央委员会和地方各级委员会的委员、候补委员,给以撤销党内职务、留党察看或开除党籍的处分,必须由本人所在的委员会全体会议三分之二以上的多数决定。在全体会议闭会期间,可以先由中央政治局和地方各级委员会常务委员会作出处理决定,待召开委员会全体会议时予以追认。对地方各级委员会委员和候补委员的上述处分,必须经过上级纪律检查委员会常务委员会审议,由这一级纪律检查委员会报同级党的委员会批准。

严重触犯刑律的中央委员会委员、候补委员,由中央政治局决定开除其党籍;严重触犯刑律的地方各级委员会委员、候补委员,由同级委员会常务委员会决定开除其党籍。

第四十三条 党组织对党员作出处分决定,应当实事求是地查清事实。处分决定所依据的事实材料和处分决定必须同本人见面,听取本人说明情况和申辩。如果本人对处分决定不服,可以提出申诉,有关党组织必须负责处理或者迅速转递,不得扣压。对于确属坚持错误意见和无理要求的人,要给以批评教育。

第四十四条 党组织如果在维护党的纪律方面失职,必须问责。

对于严重违犯党的纪律、本身又不能纠正的党组织,上一级党的委员会在查明核实后,应根据情节严重的程度,作出进行改组或予以解散的决定,并报再上一级党的委员会审查批准,正式宣布执行。

第八章 党的纪律检查机关

第四十五条 党的中央纪律检查委员会在党的中央委员会领导下进行工作。党的地方各级纪律检查委员会和基层纪律检查委员会在同级党的委员会和上级纪律检查委员会双重领导下进行工作。上级党的纪律检查委员会加强对下级纪律检查委员会的领导。

党的各级纪律检查委员会每届任期和同级党的委员会相同。

党的中央纪律检查委员会全体会议,选举常务委员会和书记、副书记,并报党的中央委员会批准。党的地方各级纪律检查委员会全体会议,选举常务委员会和书记、副书记,并由同级党的委员会通过,报上级党的委员会批准。党的基层委员会是设立纪律检查委员会,还是设立纪律检查委员,由它的上一级党组织根据具体情况决定。党的总支部委员会和支部委员会设纪律检查委员。

党的中央和地方纪律检查委员会向同级党和国家机关全面派驻党的纪律检查组。纪律检查组组长参加驻在部门党的领导组织的有关会议。他们的工作必须受到该机关党的领导组织的支持。

第四十六条 党的各级纪律检查委员会是党内监督专责机关,主要任务是:维护党的章程和其他党内法规,检查党的路线、方针、政策和决议的执行情况,协助党的委员会推进全面从严治党、加强党风建设和组织协调反腐败工作。

党的各级纪律检查委员会的职责是监督、执纪、问责,要经常对党员进行遵守纪律的教育,作出关于维护党纪的决定;对党的组织和党员领导干部履行职责、行使权力进行监督,受理处置党员群众检举举报,开展谈话提醒、约谈函询;检查和处理党的组织和党员违反党的章程和其他党内法规的比较重要或复杂的案件,决定或取消对这些案件中的党员的处分;进行问责或提出责任追究的建议;受理党员的控告和申诉;保障党员的权利。

各级纪律检查委员会要把处理特别重要或复杂的案件中的问题和处理的结果,向同级党的委员会报告。党的地方各级纪律检查委员会和基层纪律检查委员会要同时向上级纪律检查委员会报告。

各级纪律检查委员会发现同级党的委员会委员有违犯党的纪律的行为,可以先进行初步核实,如果需要立案检查的,应当在向同级党的委员会报告的同时向上一级纪律检查委员会报告;涉及常务委员的,报告上一级纪律检查委员会,由上一级纪律检查委员会进行初步核实,需要审查的,由上一级纪律检查委员会报它的同级党的委员会批准。

第四十七条 上级纪律检查委员会有权检查下级纪律检查委员会的工作,并且有权批准和改变下级纪律检查委员会对于案件所作的决定。如果所要改变的该下级纪律检查委员会的决定,已经得到它的同级党的委员会的批准,这种改变必须经过它的上一级党的委员会批准。

党的地方各级纪律检查委员会和基层纪律检查委员会如果对同级党的委员会处理案件的决定有不同意见,可以请求上一级纪律检查委员会予以复查;如果发现同级党的委员会或它的成员有违犯党的纪律的情况,在同级党的委员会不给予解决或不给予正确解决的时候,有权向上级纪律检查委员会提出申诉,请求协助处理。

第九章 党 组

第四十八条 在中央和地方国家机关、人民团体、经济组织、文化组织和其他非党组织的领导机关中,可以成立党组。党组发挥领导核心作用。党组的任务,主要是负责贯彻执行党的路线、方针、政策;加强对本单位党的建设的领导,履行全面从严治党责任;讨论和决定本单位的重大问题;做好干部管理工作;讨论和决定基层党组织设置调整和发展党员、处分党员等重要事项;团结党外干部和群众,完成党和国家交给的任务;领导机关和直属单位党组织的工作。

第四十九条 党组的成员,由批准成立党组的党组织决定。党组设书记,必要时还可以设副书记。

党组必须服从批准它成立的党组织领导。

第五十条 对下属单位实行集中统一领导的国家工作部门可以建立党委,党委的产生办法、职权和工作任务,由中央另行规定。

第十章 党和共产主义青年团的关系

第五十一条 中国共产主义青年团是中国共产党领导的先进青年的群团组织,是广大青年在实践中学习中国特色社会主义和共产主义的学校,是党的助手和后备军。共青团中央委员会受党中央委员会领导。共青团的地方各级组织受同级党的委员会领导,同时受共青团上级组织领导。

第五十二条 党的各级委员会要加强对共青团的领导,注意团的干部的选拔和培训。党要坚决支持共青团根据广大青年的特点和需要,生动活泼地、富于创造性地进行工作,充分发挥团的突击队作用和联系广大青年的桥梁作用。

团的县级和县级以下各级委员会书记,企业事业单位的团委员会书记,是党员的,可以列席同级党的委员会和常务委员会的会议。

第十一章 党徽党旗

第五十三条 中国共产党党徽为镰刀和锤头组成的图案。

第五十四条 中国共产党党旗为旗面缀有金黄色党徽图案的红旗。

第五十五条 中国共产党的党徽党旗是中国共产党的象征和标志。党的各级组织和每一个党员都要维护党徽党旗的尊严。要按照规定制作和使用党徽党旗。

中国共产党发展党员工作细则

（中办发〔2014〕33号）

第一章　总　　则

第一条　为了规范发展党员工作，保证新发展的党员质量，保持党的先进性和纯洁性，根据《中国共产党章程》和党内有关规定，制定本细则。

第二条　党的基层组织应当把吸收具有马克思主义信仰、共产主义觉悟和中国特色社会主义信念，自觉践行社会主义核心价值观的先进分子入党，作为一项经常性重要工作。

第三条　发展党员工作应当贯彻党的基本理论、基本路线、基本纲领、基本经验、基本要求，按照控制总量、优化结构、提高质量、发挥作用的总要求，坚持党章规定的党员标准，始终把政治标准放在首位；坚持慎重发展、均衡发展，有领导、有计划地进行；坚持入党自愿原则和个别吸收原则，成熟一个，发展一个。

禁止突击发展，反对“关门主义”。

第二章　入党积极分子的确定和培养教育

第四条　党组织应当通过宣传党的政治主张和深入细致的思想政治工作，提高党外群众对党的认识，不断扩大入党积极分子队伍。

第五条　年满十八岁的中国工人、农民、军人、知识分子和其他社会阶层的先进分子，承认党的纲领和章程，愿意参加党的一个组织并在其中积极工作、执行党的决议和按期交纳党费的，可以申请加入中国共产党。

第六条　入党申请人应当向工作、学习所在单位党组织提出入党申请，没有工作、学习单位或工作、学习单位未建立党组织的，应当向居住地党组织提出入党申请。

流动人员还可以向单位所在地党组织或单位主管部门党组织提出入党申请，也可以向流动党员党组织提出入党申请。

第七条　党组织收到入党申请书后，应当在一个月内派人同入党申请人谈话，了解基本情况。

第八条 在入党申请人中确定入党积极分子,应当采取党员推荐、群团组织推优等方式产生人选,由支部委员会(不设支部委员会的由支部大会,下同)研究决定,并报上级党委备案。

第九条 党组织应当指定一至两名正式党员作入党积极分子的培养联系人。培养联系人的主要任务是:

(一)向入党积极分子介绍党的基本知识;

(二)了解入党积极分子的政治觉悟、道德品质、现实表现和家庭情况等,做好培养教育工作,引导入党积极分子端正入党动机;

(三)及时向党支部汇报入党积极分子情况;

(四)向党支部提出能否将入党积极分子列为发展对象的意见。

第十条 党组织应当采取吸收入党积极分子听党课、参加党内有关活动,给他们分配一定的社会工作以及集中培训等方法,对入党积极分子进行马克思列宁主义、毛泽东思想和中国特色社会主义理论体系教育,党的路线、方针、政策和党的基本知识教育,党的历史和优良传统、作风教育以及社会主义核心价值观教育,使他们懂得党的性质、纲领、宗旨、组织原则和纪律,懂得党员的义务和权利,帮助他们端正入党动机,确立为共产主义事业奋斗终身的信念。

第十一条 党支部每半年对入党积极分子进行一次考察。基层党委每年对入党积极分子队伍状况作一次分析。针对存在的问题,采取改进措施。

第十二条 入党积极分子工作、学习所在单位(居住地)发生变动,应当及时报告原单位(居住地)党组织。原单位(居住地)党组织应当及时将培养教育等有关材料转交现单位(居住地)党组织。现单位(居住地)党组织应当对有关材料进行认真审查,并接续做好培养教育工作。培养教育时间可连续计算。

第三章 发展对象的确定和考察

第十三条 对经过一年以上培养教育和考察、基本具备党员条件的入党积极分子,在听取党小组、培养联系人、党员和群众意见的基础上,支部委员会讨论同意并报上级党委备案后,可列为发展对象。

第十四条 发展对象应当有两名正式党员作入党介绍人。入党介绍人一般由培养联系人担任,也可由党组织指定。

受留党察看处分、尚未恢复党员权利的党员,不能作入党介绍人。

第十五条 入党介绍人的主要任务是:

(一)向发展对象解释党的纲领、章程,说明党员的条件、义务和权利;

（二）认真了解发展对象的入党动机、政治觉悟、道德品质、工作经历、现实表现等情况，如实向党组织汇报；

（三）指导发展对象填写《中国共产党入党志愿书》，并认真填写自己的意见；

（四）向支部大会负责地介绍发展对象的情况；

（五）发展对象批准为预备党员后，继续对其进行教育帮助。

第十六条　党组织必须对发展对象进行政治审查。

政治审查的主要内容是：对党的理论和路线、方针、政策的态度；政治历史和在重大政治斗争中的表现；遵纪守法和遵守社会公德情况；直系亲属和与本人关系密切的主要社会关系的政治情况。

政治审查的基本方法是：同本人谈话、查阅有关档案材料、找有关单位和人员了解情况以及必要的函调或外调。在听取本人介绍和查阅有关材料后，情况清楚的可不函调或外调。对流动人员中的发展对象进行政治审查时，还应当征求其户籍所在地和居住地基层党组织的意见。

政治审查必须严肃认真、实事求是，注重本人的一贯表现。审查情况应当形成结论性材料。

凡是未经政治审查或政治审查不合格的，不能发展入党。

第十七条　基层党委或县级党委组织部门应当对发展对象进行短期集中培训。培训时间一般不少于三天（或不少于二十四个学时）。培训时主要学习党章、《关于党内政治生活的若干准则》等文件。中央组织部组织编写的《入党教材》，可以作为学习辅导材料。

未经培训的，除个别特殊情况外，不能发展入党。

第四章　预备党员的接收

第十八条　接收预备党员应当严格按照党章规定的程序办理。

第十九条　支部委员会应当对发展对象进行严格审查，经集体讨论认为合格后，报具有审批权限的基层党委预审。

基层党委对发展对象的条件、培养教育情况等进行审查，根据需要听取执纪执法等相关部门的意见。审查结果以书面形式通知党支部，并向审查合格的发展对象发放《中国共产党入党志愿书》。

发展对象未来三个月内将离开工作、学习单位的，一般不办理接收预备党员的手续。

第二十条　经基层党委预审合格的发展对象，由支部委员会提交支部大会讨论。

召开讨论接收预备党员的支部大会,有表决权的到会人数必须超过应到会有表决权人数的半数。

第二十一条 支部大会讨论接收预备党员的主要程序是:

(一)发展对象汇报对党的认识、入党动机、本人履历、家庭和主要社会关系情况,以及需向党组织说明的问题;

(二)入党介绍人介绍发展对象有关情况,并对其能否入党表明意见;

(三)支部委员会报告对发展对象的审查情况;

(四)与会党员对发展对象能否入党进行充分讨论,并采取无记名投票方式进行表决。赞成人数超过应到会有表决权的正式党员的半数,才能通过接收预备党员的决议。因故不能到会的有表决权的正式党员,在支部大会召开前正式向党支部提出书面意见的,应当统计在票数内。

支部大会讨论两个以上的发展对象入党时,必须逐个讨论和表决。

第二十二条 党支部应当及时将支部大会决议写入《中国共产党入党志愿书》,连同本人入党申请书、政治审查材料、培养教育考察材料等,一并报上级党委审批。

支部大会决议主要包括:发展对象的主要表现;应到会和实际到会有表决权的党员人数;表决结果;通过决议的日期;支部书记签名。

第二十三条 预备党员必须由党委(工委,下同)审批。

乡镇(街道)党委所属的基层党委,不能审批预备党员,但应当对支部大会通过接收的预备党员进行审议。

党总支不能审批预备党员,但应当对支部大会通过接收的预备党员进行审议。

除另有规定外,临时党组织不能接收、审批预备党员。

党组不能审批预备党员。

第二十四条 党委审批前,应当指派党委委员或组织员同发展对象谈话,作进一步的了解,并帮助发展对象提高对党的认识。谈话人应当将谈话情况和自己对发展对象能否入党的意见,如实填写在《中国共产党入党志愿书》上,并向党委汇报。

第二十五条 党委审批预备党员,必须集体讨论和表决。

党委主要审议发展对象是否具备党员条件、入党手续是否完备。发展对象符合党员条件、入党手续完备的,批准其为预备党员。党委审批意见写入《中国共产党入党志愿书》,注明预备期的起止时间,并通知报批的党支部。党支部应当及时通知本人并在党员大会上宣布。对未被批准入党的,应当通知党支部和本人,做好思想工作。

党委会审批两个以上的发展对象入党时,应当逐个审议和表决。

第二十六条 党委对党支部上报的接收预备党员的决议,应当在三个月内审批,并报上级党委组织部门备案。如遇特殊情况可适当延长审批时间,但不得超过六个月。

第二十七条 在特殊情况下,党的中央和省、自治区、直辖市委员会可以直接接收党员。

第二十八条 对在中国特色社会主义事业中为党和人民利益英勇献身,事迹突出,在一定范围内有较大影响,生前一贯表现良好并曾向党组织提出过入党要求的人员,可以追认为党员。

追认党员必须严格掌握,由所在单位党组织讨论决定后,经上级党委审查,报省一级党委批准。

第五章 预备党员的教育、考察和转正

第二十九条 党组织应当及时将上级党委批准的预备党员编入党支部和党小组,对预备党员继续进行教育和考察。

第三十条 预备党员必须面向党旗进行入党宣誓。入党宣誓仪式,一般由基层党委或党支部(党总支)组织进行。

第三十一条 党组织应当通过党的组织生活、听取本人汇报、个别谈心、集中培训、实践锻炼等方式,对预备党员进行教育和考察。

第三十二条 预备党员的预备期为一年。预备期从支部大会通过其为预备党员之日算起。

预备党员预备期满,党支部应当及时讨论其能否转为正式党员。认真履行党员义务、具备党员条件的,应当按期转为正式党员;需要继续考察和教育的,可以延长一次预备期,延长时间不能少于半年,最长不超过一年;不履行党员义务、不具备党员条件的,应当取消其预备党员资格。

预备党员违犯党纪,情节较轻,尚可保留预备党员资格的,应当对其进行批评教育或延长预备期;情节较重的,应当取消其预备党员资格。

预备党员转为正式党员、延长预备期或取消预备党员资格,应当经支部大会讨论通过和上级党组织批准。

第三十三条 预备党员转正的手续是:本人向党支部提出书面转正申请;党小

组提出意见；党支部征求党员和群众的意见；支部委员会审查；支部大会讨论、表决通过；报上级党委审批。

讨论预备党员转正的支部大会，对到会人数、赞成人数等要求与讨论接收预备党员的支部大会相同。

第三十四条 党委对党支部上报的预备党员转正的决议，应当在三个月内审批。审批结果应当及时通知党支部。党支部书记应当同本人谈话，并将审批结果在党员大会上宣布。

党员的党龄，从预备期满转为正式党员之日算起。

第三十五条 预备期未满的预备党员工作、学习所在单位（居住地）发生变动，应当及时报告原所在党组织。原所在党组织应当及时将对其培养教育和考察的情况，认真负责地介绍给接收预备党员的党组织。

党组织应当对转入的预备党员的入党材料进行严格审查，对无法认定的预备党员，报县级以上党委组织部门批准，不予承认。

第三十六条 基层党组织对转入的预备党员，在其预备期满时，如认为有必要，可推迟讨论其转正问题，推迟时间不超过六个月。转为正式党员的，其转正时间自预备期满之日算起。

第三十七条 预备党员转正后，党支部应当及时将其《中国共产党入党志愿书》、入党申请书、政治审查材料、转正申请书和培养教育考察材料，交党委存入本人人事档案。无人事档案的，建立党员档案，由所在党委或县级党委组织部门保存。

第六章 发展党员工作的领导和纪律

第三十八条 各级党委应当把发展党员工作列入重要议事日程，纳入党建工作责任制，作为党建工作述职、评议、考核和党务公开的重要内容。

对发展党员工作情况，市（地、州、盟）、县（市、区、旗）党委每半年检查一次，省、自治区、直辖市党委每年检查一次。检查结果及时上报，并向下通报。

重视从青年工人、农民、知识分子中发展党员，优化党员队伍结构。对具备发展党员条件但长期不做发展党员工作的基层党组织，上级党委应当加强指导和督促检查，必要时对其进行组织整顿。

第三十九条 各级党委组织部门每年应当向同级党委和上级党委组织部门报告发展党员工作情况和发展党员工作计划，如实反映带有倾向性的问题和对违反规定发展党员的查处情况。

第四十条 县以上党委及其组织部门应当重视对组织员的选拔、配备和培训，充分发挥他们在发展党员工作中的作用。

第四十一条 各级党组织对发展党员工作中出现的违纪违规问题和不正之风，应当严肃查处。对不坚持标准、不履行程序、超过审批时限和培养考察失职、审查把关不严的党组织及其负责人、直接责任人应当进行批评教育，情节严重的给予纪律处分。典型案例应当及时通报，对违反规定吸收入党的，一律不予承认，并在支部大会上公布。

对采取弄虚作假或其他手段把不符合党员条件的人发展为党员，或为非党员出具党员身份证明的，应当依纪依法严肃处理。

第四十二条 《中国共产党入党志愿书》的式样由中央组织部负责制定，省级党委组织部门按照式样统一印制，并严格管理。

第七章 附 则

第四十三条 本细则由中央组织部负责解释。

第四十四条 本细则自发布之日起施行。《中国共产党发展党员工作细则（试行）》（中组发〔1990〕3号）同时废止。

中国共产党发展党员工作流程图

一、申请入党

01 递交入党申请书

★条件：年满18岁的中国公民；承认党的纲领和章程；愿意参加党的一个组织并在其中积极工作；愿意执行党的决议；按期交纳党费。
★要求：向工作、学习所在单位党组织提出入党申请；没有工作、学习单位或工作、学习单位未建立党组织的，向居住地党组织提出入党申请；流动人员还可以向单位所在地党组织或单位主管部门党组织、流动党员党组织提出入党申请。
★注意：本人提出；书面申请。

02 党组织派人谈话

★时间：收到入党申请书后1个月内。
★主体：党支部书记、副书记或组织委员。
★内容：了解入党申请人基本情况；介绍入党条件和程序；加强教育引导。

二、入党积极分子的确定和培养教育

03 推荐和确定入党积极分子

★范围：已递交入党申请书且党组织已派人谈话的人员。
★方式：党员推荐、群团组织推优等方式。
★决定：支部委员会集体研究决定。
★注意：综合运用推荐结果，防止简单以票取人。

04 上级党委备案

★材料：入党申请人基本情况；推荐和推优情况；支部委员会意见等。
★要求：了解入党积极分子是否具备条件；手续是否齐全。

05 指定培养联系人

★数量：1—2名正式党员。
★任务：向入党积极分子介绍党的基本知识；了解入党积极分子的政治觉悟、道德品质、现实表现和家庭情况等，做好培养教育工作，引导入党积极分子端正入党动机；及时向党支部汇报入党积极分子情况；向党支部提出能否将入党积极分子列为发展对象的意见。

06 培养教育考察

★方法：吸收入党积极分子听党课、参加党内有关活动、分配一定的社会工作、集中培训等。
★目的：使入党积极分子懂得党的性质、纲领、宗旨、组织原则、纪律、党员的义务和权利，帮助端正入党动机，确立为共产主义事业奋斗终身的信念。
★要求：党支部每半年对入党积极分子进行1次考察；基层党委每年对入党积极分子队伍状况作1次分析。
★注意：入党积极分子工作、学习单位（居住地）发生变动，应及时报告原单位（居住地）党组织；原单位（居住地）党组织应及时转交材料；接收单位党组织认真审查材料、做好接续培养，培养教育时间可连续计算。

三、发展对象的确定和考察

07 确定发展对象

★条件：经过1年以上培养教育和考察；基本具备党员条件。

★要求：听取党小组、培养联系人、党员和群众意见。

★确定：支部委员会讨论同意，确定发展对象人选。

08 报上级党委备案

★确定：认真审查；提出意见。

★注意：同意后列为发展对象。

09 确定入党介绍人

★数量：2名正式党员。

★方式：一般由培养联系人担任，也可由党组织指定。

★要求：入党介绍人认真完成培养、教育任务。

★注意：受留党察看处分、尚未恢复党员权利党员，不能作入党介绍人。

10 进行政治审查

★内容：对党的理论和路线、方针、政策的态度；政治历史和在重大政治斗争中的表现；遵纪守法和遵守社会公德情况;直系亲属和与本人关系密切的主要社会关系的政治情况。

★方法：同本人谈话、查阅档案资料、找有关单位和人员了解情况以及必要的函调或外调。对流动人员中的发展对象还应当征求户籍所在地和居住地基层党组织的意见。

★要求：政治审查必须严肃认真、实事求是，注重本人的一贯表现。审查情况形成结论性材料。

★注意：未经政治审查或政治审查不合格的，不能发展入党。

11 开展集中培训

★主体：基层党委或县级党委组织部门。

★时间：不少于3天或不少于24学时。

★注意：未经培训的，除个别特殊情况外，不能发展入党。

四、预备党员的接收

12 支部委员会审查

★要求：征求党员和群众的意见；对发展对象进行严格审查；集体讨论是否合格。

13 上级党委预审

★方式：审查发展对象条件、培养教育情况等；根据需要，听取执纪执法等部门意见。
★要求：审查结果书面通知党支部；向审查合格的发展对象发放《中国共产党入党志愿书》。
★注意：发展对象未来3个月内将离开工作、学习单位的，一般不办理接收预备党员手续。

14 填写入党志愿书

★要求：在入党介绍人指导下，由本人按照要求如实填写。

15 支部大会讨论

★程序：(1)发展对象汇报个人情况；(2)入党介绍人介绍发展对象有关情况、表明意见；(3)支部委员会报告审查情况；(4)与会党员充分讨论、投票表决。
★注意：有表决权的到会人数必须超过应到会有表决权人数的半数，才能开会；赞成人数超过应到会有表决权的正式党员的半数，方可通过。讨论两个以上发展对象入党时，要逐个讨论和表决。

16 上级党委派人谈话

★时间：党委审批前。
★人员：党委委员或组织员。
★目的：作进一步了解，并帮助发展对象提高对党的认识。
★要求：谈话人应当将谈话情况和自己对发展对象能否入党的意见，如实填写在《中国共产党入党志愿书》上，并向党委汇报。

17 上级党委审批

★内容：是否具备党员条件、入党手续是否完备。
★要求：集体讨论和表决。两个以上发展对象应当逐个审议和表决。
★时间：3个月内，特殊情况不超过6个月。
★注意：党总支、乡镇（街道）所属的基层党委以及党组不能审批预备党员。除另有规定外，临时党组织不能接收、审批预备党员。

18 再上一级党委组织部门备案

★目的：掌握预备党员结构、分布、质量等情况；发现问题，及时解决。

五、预备党员的教育考察和转正

19 编入党支部和党小组

★要求：及时编入；继续进行教育和考察。

20 入党宣誓

★组织：基层党委或党支部(党总支)。
★程序：(1)奏《国际歌》；(2)党组织负责同志致辞；(3)预备党员宣誓；(4)参加宣誓的预备党员代表发言；(5)党组织负责同志讲话、提出要求。
★要求：在正式场合举行；严肃认真；庄重简朴；严密紧凑。

21 继续教育考察

★方式：参加党的组织生活、听本人汇报、个别谈心、集中培训、实践锻炼等。
★时间：预备期为1年。

22 提出转正申请

★要求：预备期满，书面提出申请。

23 支部大会讨论

★准备：党小组提出意见；党支部征求党员和群众的意见；支部委员会审查。
★程序：参照接收预备党员的程序。
★结果：认真履行党员义务、具备党员条件的，按期转为正式党员；需要继续考察和教育的，可以延长1次预备期，延长时间不能少于半年，最长不超过1年；不履行党员义务、不具备党员条件的，取消预备党员资格。

24 上级党委审批

★时间：3个月内。
★要求：审批结果及时通知党支部。党支部书记应当同本人谈话，并将审批结果在党员大会上宣布。
★注意：党员的党龄从预备期满转为正式党员之日算起。

25 材料归档

★内容：《中国共产党入党志愿书》、入党申请书、政治审查材料、转正申请书、培养教育考察材料。
★要求：有人事档案的，存入本人人事档案；无人事档案的，建立党员档案，由所在党委或县级党委组织部门保存。

中央组织部组织一局编

中国共产党支部工作条例(试行)

第一章　总　　则

第一条　为了坚持和加强党的全面领导,弘扬“支部建在连上”光荣传统,落实党要管党、全面从严治党要求,全面提升党支部组织力,强化党支部政治功能,充分发挥党支部战斗堡垒作用,巩固党长期执政的组织基础,根据《中国共产党章程》和有关党内法规,制定本条例。

第二条　党支部是党的基础组织,是党组织开展工作的基本单元,是党在社会基层组织中的战斗堡垒,是党的全部工作和战斗力的基础,担负直接教育党员、管理党员、监督党员和组织群众、宣传群众、凝聚群众、服务群众的职责。

第三条　党支部工作必须遵循以下原则:

(一)坚持以马克思列宁主义、毛泽东思想、邓小平理论、“三个代表”重要思想、科学发展观、习近平新时代中国特色社会主义思想为指导,遵守党章,加强思想理论武装,坚定理想信念,不忘初心、牢记使命,始终保持先进性和纯洁性。

(二)坚持把党的政治建设摆在首位,牢固树立“四个意识”,坚定“四个自信”,做到“四个服从”,旗帜鲜明讲政治,坚决维护习近平总书记党中央的核心、全党的核心地位,坚决维护党中央权威和集中统一领导。

(三)坚持践行党的宗旨和群众路线,组织引领党员、群众听党话、跟党走,成为党员、群众的主心骨。

(四)坚持民主集中制,发扬党内民主,尊重党员主体地位,严肃党的纪律,提高解决自身问题的能力,增强生机活力。

(五)坚持围绕中心、服务大局,充分发挥积极性主动性创造性,确保党的路线方针政策和决策部署贯彻落实。

第二章　组 织 设 置

第四条　党支部设置一般以单位、区域为主,以单独组建为主要方式。企业、农村、机关、学校、科研院所、社区、社会组织、人民解放军和武警部队连(中)队以及其他基层单位,凡是有正式党员3人以上的,都应当成立党支部。

党支部党员人数一般不超过50人。

第五条 结合实际创新党支部设置形式,使党的组织和党的工作全覆盖。

规模较大、跨区域的农民专业合作组织,专业市场、商业街区、商务楼宇等,符合条件的,应当成立党支部。

正式党员不足3人的单位,应当按照地域相邻、行业相近、规模适当、便于管理的原则,成立联合党支部。联合党支部覆盖单位一般不超过5个。

为期6个月以上的工程、工作项目等,符合条件的,应当成立党支部。

流动党员较多,工作地或者居住地相对固定集中,应当由流出地党组织商流入地党组织,依托园区、商会、行业协会、驻外地办事机构等成立流动党员党支部。

第六条 党支部的成立,一般由基层单位提出申请,所在乡镇(街道)或者单位基层党委召开会议研究决定并批复,批复时间一般不超过1个月。

基层党委审批同意后,基层单位召开党员大会选举产生党支部委员会或者不设委员会的党支部书记、副书记。批复和选举结果由基层党委报上级党委组织部门备案。

根据工作需要,上级党委可以直接作出在基层单位成立党支部的决定。

第七条 对因党员人数或者所在单位、区域等发生变化,不再符合设立条件的党支部,上级党组织应当及时予以调整或者撤销。

党支部的调整和撤销,一般由党支部报所在乡镇(街道)或者单位基层党委批准,也可以由所在乡镇(街道)或者单位基层党委直接作出决定,并报上级党委组织部门备案。

第八条 为执行某项任务临时组建的机构,党员组织关系不转接的,经上级党组织批准,可以成立临时党支部。

临时党支部主要组织党员开展政治学习,教育、管理、监督党员,对入党积极分子进行教育培养等,一般不发展党员、处分处置党员,不收缴党费,不选举党代表大会代表和进行换届。

临时党支部书记、副书记和委员由批准其成立的党组织指定。

临时组建的机构撤销后,临时党支部自然撤销。

第三章 基本任务

第九条 党支部的基本任务是:

(一)宣传和贯彻落实党的理论和路线方针政策,宣传和执行党中央、上级党组织及本党支部的决议。讨论决定或者参与决定本地区本部门本单位重要事项,充分发挥党员先锋模范作用,团结组织群众,努力完成本地区本部门本单位所担负的任务。

（二）组织党员认真学习马克思列宁主义、毛泽东思想、邓小平理论、“三个代表”重要思想、科学发展观、习近平新时代中国特色社会主义思想，推进“两学一做”学习教育常态化制度化，学习党的路线方针政策和决议，学习党的基本知识，学习科学、文化、法律和业务知识。做好思想政治工作和意识形态工作。

（三）对党员进行教育、管理、监督和服务，突出政治教育，提高党员素质，坚定理想信念，增强党性，严格党的组织生活，开展批评和自我批评，维护和执行党的纪律，监督党员切实履行义务，保障党员的权利不受侵犯。加强和改进流动党员管理。关怀帮扶生活困难党员和老党员。做好党费收缴、使用和管理工作。依规稳妥处置不合格党员。

（四）密切联系群众，向群众宣传党的政策，经常了解群众对党员、党的工作的批评和意见，了解群众诉求，维护群众的正当权利和利益，做好群众的思想政治工作，凝聚广大群众的智慧和力量。领导本地区本部门本单位工会、共青团、妇女组织等群团组织，支持它们依照各自章程独立负责地开展工作。

（五）对要求入党的积极分子进行教育和培养，做好经常性的发展党员工作，把政治标准放在首位，严格程序、严肃纪律，发展政治品质纯洁的党员。发现、培养和推荐党员、群众中间的优秀人才。

（六）监督党员干部和其他任何工作人员严格遵守国家法律法规，严格遵守国家的财政经济法规和人事制度，不得侵占国家、集体和群众的利益。

（七）实事求是对党的建设、党的工作提出意见建议，及时向上级党组织报告重要情况。教育党员、群众自觉抵制不良倾向，坚决同各种违纪违法行为作斗争。

（八）按照规定，向党员、群众通报党的工作情况，公开党内有关事务。

第十条　不同领域党支部结合实际，分别承担各自不同的重点任务：

（一）村党支部，全面领导隶属本村的各类组织和各项工作，围绕实施乡村振兴战略开展工作，组织带领农民群众发展集体经济，走共同富裕道路，领导村级治理，建设和谐美丽乡村。贫困村党支部应当动员和带领群众，全力打赢脱贫攻坚战。

（二）社区党支部，全面领导隶属本社区的各类组织和各项工作，围绕巩固党在城市执政基础、增进群众福祉开展工作，领导基层社会治理，组织整合辖区资源，服务社区群众、维护和谐稳定、建设美好家园。

（三）国有企业和集体企业中的党支部，保证监督党和国家方针政策的贯彻执行，围绕企业生产经营开展工作，按规定参与企业重大问题的决策，服务改革发展、凝聚职工群众、建设企业文化,创造一流业绩。

(四)高校中的党支部,保证监督党的教育方针贯彻落实,巩固马克思主义在高校意识形态领域的指导地位,加强思想政治引领,筑牢学生理想信念根基,落实立德树人根本任务,保证教学科研管理各项任务完成。

(五)非公有制经济组织中的党支部,引导和监督企业严格遵守国家法律法规,团结凝聚职工群众,依法维护各方合法权益,建设企业先进文化,促进企业健康发展。

(六)社会组织中的党支部,引导和监督社会组织依法执业、诚信从业,教育引导职工群众增强政治认同,引导和支持社会组织有序参与社会治理、提供公共服务、承担社会责任。

(七)事业单位中的党支部,保证监督改革发展正确方向,参与重要决策,服务人才成长,促进事业发展。事业单位中发挥领导作用的党支部,对重大问题进行讨论和作出决定。

(八)各级党和国家机关中的党支部,围绕服务中心、建设队伍开展工作,发挥对党员的教育、管理、监督作用,协助本部门行政负责人完成任务、改进工作。

(九)流动党员党支部,组织流动党员开展政治学习,过好组织生活,进行民主评议,引导党员履行党员义务,行使党员权利,充分发挥作用。对组织关系不在本党支部的流动党员民主评议等情况,应当通报其组织关系所在党支部。

(十)离退休干部职工党支部,宣传执行党的路线方针政策,根据党员实际情况,组织参加学习,开展党的组织生活,听取意见建议,引导他们结合自身实际发挥作用。

第四章　工作机制

第十一条　党支部党员大会是党支部的议事决策机构,由全体党员参加,一般每季度召开1次。

党支部党员大会的职权是:听取和审查党支部委员会的工作报告;按照规定开展党支部选举工作,推荐出席上级党代表大会的代表候选人,选举出席上级党代表大会的代表;讨论和表决接收预备党员和预备党员转正、延长预备期或者取消预备党员资格;讨论决定对党员的表彰表扬、组织处置和纪律处分;决定其他重要事项。

村、社区重要事项以及与群众利益密切相关的事项,必须经过党支部党员大会讨论。

党支部党员大会议题提交表决前,应当经过充分讨论。表决必须有半数以上有表决权的党员到会方可进行，赞成人数超过应到会有表决权的党员的半数为通过。

第十二条 党支部委员会是党支部日常工作的领导机构。

党支部委员会会议一般每月召开1次，根据需要可以随时召开，对党支部重要工作进行讨论、作出决定等。党支部委员会会议须有半数以上委员到会方可进行。重要事项提交党员大会决定前，一般应当经党支部委员会会议讨论。

第十三条 党员人数较多或者党员工作地、居住地比较分散的党支部，按照便于组织开展活动原则，应当划分若干党小组，并设立党小组组长。党小组组长由党支部指定，也可以由所在党小组党员推荐产生。

党小组主要落实党支部工作要求，完成党支部安排的任务。

党小组会一般每月召开1次，组织党员参加政治学习、谈心谈话、开展批评和自我批评等。

第十四条 党支部党员大会、党支部委员会会议由党支部书记召集并主持。书记不能参加会议的，可以委托副书记或者委员召集并主持。党小组会由党小组组长召集并主持。

第五章　组织生活

第十五条 党支部应当严格执行党的组织生活制度，经常、认真、严肃地开展批评和自我批评，增强党内政治生活的政治性、时代性、原则性、战斗性。

党员领导干部应当带头参加所在党支部或者党小组组织生活。

第十六条 党支部应当组织党员按期参加党员大会、党小组会和上党课，定期召开党支部委员会会议。

“三会一课”应当突出政治学习和教育，突出党性锻炼，以“两学一做”为主要内容，结合党员思想和工作实际，确定主题和具体方式，做到形式多样、氛围庄重。

党课应当针对党员思想和工作实际，回应普遍关心的问题，注重身边人讲身边事，增强吸引力感染力。党员领导干部应当定期为基层党员讲党课，党委（党组）书记每年至少讲1次党课。

党支部每月相对固定1天开展主题党日，组织党员集中学习、过组织生活、进行民主议事和志愿服务等。主题党日开展前，党支部应当认真研究确定主题和内容；开展后，应当抓好议定事项的组织落实。

对经党组织同意可以不转接组织关系的党员，所在单位党组织可以将其纳入一个党支部或者党小组，参加组织生活。

第十七条 党支部每年至少召开1次组织生活会,一般安排在第四季度,也可以根据工作需要随时召开。组织生活会一般以党支部党员大会、党支部委员会会议或者党小组会形式召开。

组织生活会应当确定主题,会前认真学习,谈心谈话,听取意见;会上查摆问题,开展批评和自我批评,明确整改方向;会后制定整改措施,逐一整改落实。

第十八条 党支部一般每年开展1次民主评议党员,组织党员对照合格党员标准、对照入党誓词,联系个人实际进行党性分析。

党支部召开党员大会,按照个人自评、党员互评、民主测评的程序,组织党员进行评议。党员人数较多的党支部,个人自评和党员互评可以在党小组范围内进行。党支部委员会会议或者党员大会根据评议情况和党员日常表现情况,提出评定意见。

民主评议党员可以结合组织生活会一并进行。

第十九条 党支部应当经常开展谈心谈话。党支部委员之间、党支部委员和党员之间、党员和党员之间,每年谈心谈话一般不少于1次。谈心谈话应当坦诚相见、交流思想、交换意见、帮助提高。

党支部应当注重分析党员思想状况和心理状态。对家庭发生重大变故和出现重大困难、身心健康存在突出问题等情况的党员,党支部书记应当帮助做好心理疏导;对受到处分处置以及有不良反映的党员,党支部书记应当有针对性地做好思想政治工作。

第六章 党支部委员会建设

第二十条 有正式党员7人以上的党支部,应当设立党支部委员会。党支部委员会由3至5人组成,一般不超过7人。

党支部委员会设书记和组织委员、宣传委员、纪检委员等,必要时可以设1名副书记。

正式党员不足7人的党支部,设1名书记,必要时可以设1名副书记。

第二十一条 村、社区党支部委员会每届任期5年,其他基层单位党支部委员会一般每届任期3年。

党支部委员会由党支部党员大会选举产生,党支部书记、副书记一般由党支部委员会会议选举产生,不设委员会的党支部书记、副书记由党支部党员大会选举产生。选出的党支部委员,报上级党组织备案;党支部书记、副书记,报上级党组织批准。党支部书记、副书记、委员出现空缺,应当及时进行补选。确有必要时,上级党组织可以指派党支部书记或者副书记。

建立健全党支部按期换届提醒督促机制。根据党组织隶属关系和干部管理权限,上级党组织对任期届满的党支部,一般提前 6 个月以发函或者电话通知等形式,提醒做好换届准备。对需要延期或者提前换届的,应当认真审核、从严把关,延长或者提前期限一般不超过 1 年。

第二十二条 党支部书记主持党支部全面工作,督促党支部其他委员履行职责、发挥作用,抓好党支部委员会自身建设,向党支部委员会、党员大会和上级党组织报告工作。

党支部副书记协助党支部书记开展工作。党支部其他委员按照职责分工开展工作。

第二十三条 党支部书记应当具备良好政治素质,热爱党的工作,具有一定的政策理论水平、组织协调能力和群众工作本领,敢于担当、乐于奉献,带头发挥先锋模范作用,在党员、群众中有较高威信,一般应当具有 1 年以上党龄。

第二十四条 上级党组织应当结合不同领域实际,突出政治标准,按照组织程序,采取多种方式,选拔符合条件的优秀党员担任党支部书记。

村、社区应当注重从带富能力强的村民、复员退伍军人、经商务工人员、乡村教师、乡村医生、社会工作者、大学生村官、退休干部职工等群体中选拔党支部书记。对没有合适人选的,上级党组织可以跨地域或者从机关和企事业单位选派党支部书记。根据工作需要,上级党组织可以选派优秀干部到村、社区担任党支部第一书记,指导、帮助党支部书记开展工作,主要承担建强党支部、推动中心工作、为民办事服务、提升治理水平等职责任务。符合条件的村、社区党支部书记可以通过法定程序担任村民委员会、居民委员会主任。

机关、国有企业、事业单位,党支部书记一般由本部门本单位主要负责人担任,也可以由本部门本单位其他负责人担任。根据工作需要,上级党组织可以选派党员干部担任专职党支部书记。

非公有制经济组织、社会组织,一般从管理层中选任党支部书记,应当注重从业务骨干中选拔党支部书记。没有合适人选的,可以由上级党组织选派党支部书记。

加强党支部书记后备队伍建设,注意发现优秀党员作为党支部书记后备人才培养,建立村、社区等领域党支部书记后备人才库。

第二十五条 上级党组织应当经常对党支部书记、副书记和其他委员进行培训。

党支部书记培训纳入党员、干部教育培训规划，对新任党支部书记应当进行任职培训。中央组织部组织开展党支部书记示范培训，地方、行业、系统一般根据党组织隶属关系，分层分类开展党支部书记全员轮训。党支部书记每年应当至少参加1次县级以上党组织举办的集中轮训。注意统筹安排，防止频繁参训，确保党支部书记做好日常工作。

对党支部书记、副书记和其他委员的培训应当突出党的基本理论、基本政策、基本知识及党务工作基本要求，党的优良传统和作风，党规党纪等内容。注重发挥优秀党支部书记传帮带作用。

第二十六条 注重从优秀村、社区党支部书记中选拔乡镇和街道领导干部，考录公务员和招聘事业单位人员。

培养树立党支部书记先进典型，对优秀党支部书记给予表彰表扬。

第二十七条 党支部委员会成员应当自觉接受上级党组织和党员、群众监督，加强互相监督。

党支部书记每年应当向上级党组织和党支部党员大会述职，接受评议考核，考核结果作为评先评优、选拔使用的重要依据。

第二十八条 建立持续整顿软弱涣散党支部工作机制。对不适宜担任党支部书记、副书记和委员职务的，上级党组织应当及时作出调整。对存在换届选举拉票贿选、宗族宗教和黑恶势力干扰渗透等问题的，上级党组织应当及时严肃处理。

第七章 领导和保障

第二十九条 各级党委(党组)应当把党支部建设作为最重要的基本建设，定期研究讨论、加强领导指导，切实履行主体责任。县级党委每年至少专题研究1次党支部建设工作。

各级党委(党组)书记应当带头建立党支部工作联系点，带头深入基层调查研究，发现和解决问题，总结推广经验。

第三十条 党委组织部门应当经常对党支部建设情况进行分析研判，加强分类指导和督促检查，扩大先进党支部增量，提升中间党支部水平，整顿后进党支部。加强党支部标准化、规范化建设。基层党委一般应当配备专兼职组织员，加强对党支部建设的具体指导。

各级党委组织部门应当注意通过党支部了解掌握党员干部日常表现，干部考察应当听取考察对象所在党支部的意见。

村、社区党支部书记纳入县级党委组织部备案管理。

第三十一条 村、社区党支部工作纳入县级党委巡察监督工作内容。

第三十二条 抓党支部建设情况应当列入各级党委书记抓基层党建工作述职评议考核的重要内容,作为评判其履行管党治党政治责任情况的重要依据。对抓党支部建设不力、各项工作不落实的,上级党委及其组织部门应当进行约谈。对党支部建设出现严重问题,党员、群众反映强烈的,应当按照规定严肃问责。

第三十三条 各级党组织应当为党支部开展工作提供必要条件,给予经费保障。增强村、社区党支部运转经费保障能力,落实村、社区党支部书记报酬待遇,并根据当地经济发展水平建立正常增长机制。给予非公有制经济组织和社会组织党支部工作经费支持。加强村、社区和园区等领域基层党组织活动场所建设,积极运用现代技术和信息化手段,充分发挥办公议事、开展党的活动、提供便民服务等综合功能。

县级以上党委管理的党费每年应当按照一定比例下拨到党支部,重点支持贫困村党支部、困难国有企业党支部、非公有制经济组织和社会组织党支部、流动党员党支部、离退休干部职工党支部等开展党的活动。

第八章 附 则

第三十四条 村、社区党的基层委员会、总支部委员会,按照本条例执行。

第三十五条 中央军事委员会可以根据本条例,制定相关规定。

第三十六条 本条例由中央组织部负责解释。

第三十七条 本条例自 2018 年 10 月 28 日起施行。其他有关党支部的规定与本条例不一致的,按照本条例执行。

中共重庆市委组织部
中共重庆市委教育工作委员会
关于进一步加强和改进在大学生中
发展党员工作的通知

渝委组〔2017〕199号

各高校党委：

为深入贯彻落实党的十八届六中全会和全国、全市高校思想政治工作会议精神，认真执行《中国共产党发展党员工作细则》和《普通高等学校学生党建工作标准》，严格发展大学生党员的标准和程序，突出做好思想上入党工作，提高发展大学生党员质量，现就进一步加强和改进在大学生中发展党员工作通知如下。

一、加强对大学生入党的思想教育

（一）加强对大学新生的教育引导。坚持从新生入学抓起，做到思想上早启发、政治上早引导、理论上早普及，推动大学新生知党爱党，坚定跟党走。要上好新生入学“第一课”，通过主题班会、专题讲座、先进事迹报告会、高年级党员现身说法等方式，面向新生深入开展党章、党的历史、基本理论、形势任务教育，加深他们对党的认识。要组织大学新生深入学习习近平总书记系列重要讲话精神和治国理政新理念新思想新战略，武装头脑、指导实践。要用社会主义核心价值观教育大学新生，大力弘扬以爱国主义为核心的民族精神和以改革创新为核心的时代精神，引导他们树立正确的世界观、人生观、价值观，扣好人生第一粒扣子。要充分运用“互联网+党建”模式，推广使用“七一网”等党建网站，推动“共产党员”等微信平台进高校、进宿舍、进手机终端，注重用大学生喜闻乐见的方式强化教育引导，促使高校新生接受党的熏陶，引导他们主动向党组织靠拢。

（二）加强对入党积极分子的培养教育。坚持因势利导、循序渐进，做实入党积极分子思想政治教育，引导他们思想入党。要建立完善高校党委、院系党组织、基层党支部三级培养体系，高校党委或院系党组织每年至少举办1~2期入党积极分子培训班，党支部每季度至少开展1次学习交流，组织入党积极分子学习党的基本知识，围绕“为什么入党”“入党条件是什么”等开展交流讨论，树牢理想信念，杜绝功利思想。组织入党积极分子列席党支部主题党日、“三会一课”等党内有关活动,也可为他们分配一定社会工作或提供志愿服务平台,使其接受培养锻炼,增强组织观念。对入校前被确定为入党积极分子的,要强化重点跟踪、接续培养。充分发挥培养联系人的作用,强化思想引导、培养教育,切实帮助入党积极分子深化思想认识、端正入党动机,指导其定期向党组织汇报思想。党支部每半年要对入党积极分子进行1次考察,院系党组织每年要对入党积极分子队伍状况作1次分析。

(三)加强对发展对象的培养教育。对经过一年以上培养教育考察的入党积极分子,在听取各方面意见的基础上,按程序优选发展对象,并结合实际做细做实培养教育工作。要加强理论培训,组织发展对象集中学习党的基本理论、党的路线方针政策、党章党史、党纪党规等,帮助他们坚定理想信念、增强党性修养。发展对象参加集中培训时间一般不少于3天(或24学时)。要加强在实践中培养锻炼发展对象,组织发展对象至少参加1次社会调查或志愿服务等实践活动,引导他们在服务社会、服务师生中认识国情、了解社会,接受教育、锤炼党性。要充分利用党员大会、党支部讨论发展党员的契机,对发展对象逐个肯定成绩,指出不足,提出努力方向,帮助其健康成长。要充分发挥入党介绍人的作用,对发展对象逐一谈心谈话,加强对入党动机的了解,帮助其提高对党的认识,纯正入党动机,指导其定期向党组织汇报思想。

(四)加强对预备党员的培养教育。坚持把预备党员的教育培养作为发展党员重要环节,切实采取措施抓好抓实。要加强理论和实践教育,强化入党宣誓等仪式教育,严格组织生活制度,帮助他们坚定理想信念、树牢宗旨意识、强化纪律观念、增强党性修养。对入校时从外单位转来的预备党员,要及时做好接续培养教育工作。要及时了解预备党员思想、工作、学习和履行党员义务情况,教育引导他们做合格党员,充分发挥先锋模范作用。要给预备党员分配适当的社会工作、群众工作,有意识地交任务、压担子,使他们在实践中经受锻炼,增强宗旨意识,提高能力素质。入党介绍人及党支部要督促预备党员按照共产党员标准严格要求自己,自觉参加党的活动和工作,对存在的缺点及时进行批评教育,帮助他们改正。要与离校后的预备党员建立沟通交流平台,切实帮助协调、解决离校后在接续培养中遇到的问题和困难。

二、严格发展大学生党员的标准和程序

(一)从严抓好入党申请相关工作。大学生递交入党申请书时,党支部要进行初审,主要看入党申请人是否符合申请入党条件、入党申请书内容是否符合要求

等。党支部收到入党申请书后，应在一个月内派人同申请人谈话，重点了解对党的认识、对待入党态度、入党动机、家庭成员及社会关系、成长经历等情况。对入党条件不符合、对党认识不深刻、入党动机不纯的，及时将入党申请书返还本人，并对其提出加强学习党的知识、提高对党的认识、端正入党动机等方面要求。

（二）从严抓好推优工作。各级团组织要认真落实推优制度，严格推优标准和程序，做到公平公正、公开透明，确保把大学生中政治觉悟高、综合素质优、群众基础好的优秀团员推荐出来。可通过民主推荐等方式比选确定推优人选，推优人选数量一般不少于发展党员计划数的 2 至 3 倍。各级党组织要加强对团组织推优工作的指导和监督，防止“凭关系”“凭印象”、单纯“凭成绩”确定推优人选现象。

（三）从严抓好考察工作。坚持对照“四讲四有”合格党员标准，以从严从实的态度抓好考察工作，确保真正考实考准。要把政治标准放在首位，把综合素质作为发展大学生党员的重要考察内容，全面考察思想政治、能力素质、道德品行、现实表现等方面情况，特别要充分听取熟悉了解其情况的老师和学生的意见，注重考察其一贯表现和关键时刻表现情况，防止把学习成绩作为发展大学生党员的唯一条件。要注重将思想入党要求细化具体化，认真考察发展对象参加政治理论学习、参加社会工作、参与志愿服务等情况，以及日常学习生活中的言行和表现，着力增强考察的精准度。

（四）从严抓好讨论发展。在接收预备党员和预备党员转正环节，要注重提高支部大会质量。发展党员支部大会，有表决权的到会人数必须超过应到会有表决权人数的半数，严格坚持逐个讨论，与会党员在充分讨论基础上，采取无记名投票方式进行逐一表决，赞成人数超过应到会有表决权的正式党员的半数，才能通过接收预备党员或预备党员转正的决议。支部大会每次讨论发展党员和预备党员转正的总数一般不超过 8 人。

（五）从严抓好审核把关。坚持党支部、院系党组织、高校党委逐级审核审批，从严把好发展大学生党员程序。党支部要按照发展标准和程序进行严格审查，在讨论接收预备党员和预备党员转正前，要对发展对象和预备党员基本情况进行公示。院系党组织在支部大会讨论接收预备党员和预备党员转正前，要对发展对象和预备党员转正的条件、培养教育情况和入党或转正手续进行全面审查。高校党委或有审批权限的基层党委要逐一审查审议，重点在是否符合入党或转正条件、发展程序是否规范、支部大会是否逐个讨论和表决等方面严格把关，对是否按计划发展党员进行严格审查，严防突击发展、超计划发展。同时，各级党组织要对发展党员的档案材料进行认真审核把关，重点看入党志愿书、入党申请书、政治审查材料、转正申请书和培养教育考察材料等是否真实完整，防止采取不正当手段弄虚作假、伪造手续进入党内。

要坚持标准、严格程序。未报上级党委备案的入党积极分子，不能列为发展对象；发展对象未经政治审查或政治审查不合格的，不能发展入党；发展对象未经具有审批权限的基层党委预审并以书面形式通知审查合格的，不能发放《入党志愿书》及提交支部大会讨论；发展对象未来三个月内将离开工作、学习单位的，一般不办理接收预备党员的手续；党组、党总支不能审批预备党员，临时党组织不能接收、审批预备党员（另有规定除外）。

三、规范大学生党员教育管理

高校各级党组织要从严从实抓好大学生党员教育管理，促使大学生党员牢记身份使命、发挥模范带头作用，切实防止“入党前拼命干、入党后松一半”现象。要结合推进“两学一做”学习教育常态化制度化，按照“保证数量、提高质量、丰富内容、创新方式”要求，认真落实支部主题党日、“三会一课”、组织生活会等基本制度，组织大学生党员深入学习党章党规、学习习近平总书记系列重要讲话精神，不断增强“四个意识”。每名大学生党员每年集中培训时间一般不少于32学时。要加强大学生党员日常管理，以“四讲四有”为标尺，引导党员立足岗位作贡献，切实做到政治合格、执行纪律合格、品德合格、发挥作用合格。每名大学生党员每年参加社会实践和志愿服务一般不少于48学时。要在毕业生党员离校前集中上1次专题党课，重温入党誓词，教育引导毕业生党员强化党员身份意识，自觉参加党组织活动和工作，服从组织安排，按时足额交纳党费，特别是要认真做好毕业生党员组织关系转接和跟踪联系工作，确保毕业生党员组织关系落地，防止大学生党员一毕业就变成“隐形党员”“口袋党员”。

四、加强对在大学生中发展党员工作的组织领导

各高校党委要高度重视，将发展大学生党员工作纳入党建工作责任制，作为各级党组织书记落实全面从严治党责任述职评议考核的重要内容。要科学制定并严格执行发展党员计划，做到均衡、协调、有序发展。要加强高校思想政治工作和党务工作队伍建设，选优训强专职组织员、学生党支部书记、辅导员队伍等，每年至少开展1次发展党员工作业务培训，着力提高他们做好发展党员工作的责任意识和业务水平。要办好学校、院系两级党校，充分发挥党校在培养教育入党积极分子、发展对象、预备党员和正式党员等方面的作用。要认真落实发展党员工作定期检

查制度,高校或院系党组织每半年对下属党组织检查1次,及时发现和研究解决工作中存在的苗头性倾向性问题。要强化责任追究,对不坚持标准、不履行程序、审查把关不严的党组织及其相关负责人要进行批评教育,情节严重的要给予纪律处分。

中共重庆市委组织部
中共重庆市委教育工作委员会
2017年6月5日

后 记

发展党员工作是党的建设一项基础性工作。2014年5月，中共中央办公厅印发《中国共产党发展党员工作细则》，提出了控制总量、优化结构、提高质量、发挥作用的总要求。党的十九大报告首次提出"党的建设质量"，习近平总书记在全国组织工作会议上又特别强调要不断提高党的建设质量，包括要提高发展党员质量。

按照中央对发展党员工作的要求，本书结合重庆市普通高等学校的实际，着眼于"党支部—党总支—党委"三级党组织架构制定工作规范，有效规范发展党员程序，提高发展党员质量。

本书由重庆交通大学尹作发、张俊、何玲主编，第一部分由尹作发编写，第二部分由张俊编写，第三部分由何玲编写。重庆邮电大学、四川美术学院等8所市属高校的党委组织部长参与编写和校稿。同时，本书的编写得到了中共重庆市委教育工作委员会组织干部处副处长王茂良的大力支持，前后多次指导修改完善书稿，中共重庆市委教育工作委员会组织干部处姚文平也对书稿多次提出修改意见。

本书是编者对发展党员工作长期研究和实践探索的结果，可直接用于指导普通高等学校发展党员工作，供参考使用，还可供相关理论的深化研究。本书也是重庆市教委人文社会科学研究项目《新形势下重庆高校发展大学生党员工作标准化研究》研究成果（项目编号：17SKD011）。

本书的编写得到了人民交通出版社股份有限公司的大力支持。

由于编者水平有限，难免存在不足，恳请专家、同行和读者提出宝贵的意见和建议。

编　者

2018年11月